APRENDE INGLÉS CON PRONUNCIACIÓN EN ESPAÑOL
– NIVEL INTERMEDIO B2

EDICION Y DISEÑO POR:
Kelvin Daniel Gonzalez Amador
Y
Natalia Micaela Martins Dos Santos

Con colaboración de Fabiola Mireles

KNINGLES.COM

ISBN: 978-1-963055-30-6

Primera Edición: Enero 2026

Última revisión: enero 2026

AVISO: Este libro se encuentra en constante revisión y mejora. Al adquirir este libro a través de Amazon o nuestra página web, recibirás la versión más actualizada disponible.

Si al escanear un código QR no aparecen videos, es porque aún estamos trabajando en su contenido. Estarán disponibles muy pronto

La publicación de esta obra puede estar sujeta a futuras correcciones de los autores ya sea de forma conjunta o individual. Así como son de su responsabilidad las opiniones aquí expuestas.

Quedan prohibidas, dentro de los límites establecidos por la ley y bajo las prevenciones legalmente previstas, la reproducción total o parcial de esta obra por cualquier medio o procedimiento, ya sea electrónico o me-cánico, el tratamiento informático, el alquiler o cualquier forma de cesión de la obra sin autorización escrita de los titulares de copyright

¿En que consiste "APRENDE INGLÉS EN ESPAÑOL"?

● ● ● ● ● ● ● ● ● ● ● ● ●

¡Todos sabemos que el inglés **NO SE PRONUNCIA COMO SE ESCRIBE!** Pero... ¿Y si te decimos que **nosotros hemos creado un MÉTODO FÁCIL, EFECTIVO Y RÁPIDO** para que puedas pronunciar el inglés con solo leerlo?
LEERLO TAL COMO SI LO LEYERAS EN ESPAÑOL
De no creer, ¿verdad?

APRENDE INGLÉS CON PRONUNCIACIÓN EN ESPAÑOL, es un proyecto **ÚNICO** e **INNOVADOR** que busca **facilitar el aprendizaje del idioma inglés a personas hispanas de todas las edades, mediante la Castellanización / Españolización de las pronunciaciones de cada palabra del inglés.** Sumado a la práctica de cada palabra dentro de ejemplos cotidianos y/o definiciones, más el apoyo imprescindible de videos.

Nuestro objetivo es **crear un recurso educativo y literario único en su estilo, ya que planeamos tener TODAS las pronunciaciones de cada palabra del inglés.** Empezamos en Julio del 2023 y hasta la fecha ya hemos hecho miles de pronunciaciones, **¡PALABRA POR PALABRA A MANO SIN USAR IA!** para la creación de todas nuestras guías de estudio. ¿Sabías que el inglés tiene aproximadamente **1.000.000** palabras, y cada año se agregan otras **4.000**?

Lo sabemos, son muchas palabras, pero con **TU APOYO, JUNTOS, ¡LO LOGRAREMOS!**

Sabemos que cada persona tiene gustos y necesidades diferentes, por esa razón nuestro curso cuenta con material tanto básico como avanzado, además de contar con áreas especializadas.

¡Una vez te enganchas con nuestro método verás al idioma inglés con otros ojos: más fácil y hasta divertido de aprender!

Quizás te preguntes...
¿POR QUÉ DEBERÍA APRENDER Y/O COMPLEMENTAR MI INGLÉS CON USTEDES Y SU MÉTODO?

A continuación, te enseñaremos...

19 RAZONES POR LAS CUALES DEBERÍAS APRENDER CON NOSOTROS:

1. Al querer hablar y entender inglés te darás cuenta, tarde o temprano, que **literalmente tendrás que aprender la pronunciación de cada palabra,** desasociándote de la costumbre de pronunciarla como está escrita.

2. **La acentuación juega un rol importantísimo:** el inglés no marca donde va la acentuación en las palabras, pero una misma palabra puede cambiar su significado al entonarla de forma diferente. Por ejemplo:

   A**ddress** [Dirección]   A**ddress** [Dirige/aborda]
   Adres   A**dres**

   La silaba a pronunciar más fuerte la marcamos **más oscuro.**

3. **La S y la Z siempre importan:** observa cómo cambia el significado de estas palabras al ser pronunciadas con **S** y **Z**.

   Ey**es** [Ojos]   I**ce** [Hielo]   On**es** [Unos]   On**ce** [Una vez]
   Ai**z**   Ai**s**   Wan**z**   Wan**s**

4. **Mismas letras diferentes pronunciaciones:** la "**gh**" a menudo se pronuncia de manera diferente en diferentes palabras. En "**enough**" se pronuncia "**af**," mientras que en "**ghost**" se pronuncia "**go**."

   En**ough** [Suficiente]   **Gh**ost [Fantasma]
   in**af**   **Go**ust

5. **Letras silenciosas:** Hay muchas palabras en el inglés que tienen letras que no se pronuncian. Por ejemplo:

   Knight [Caballero]   **K**nife [Cuchillo]   E**dg**es [bordes]
   Nait   Naif   Eyez

6. **La SH y CH son diferentes:** En español solo existe la **"ch"** pero en el inglés cambia la pronunciación si no aprendemos a pronunciar la **"sh"** correctamente.
   Choose [Elegir]   Shoes [Zapatos]
   Chuuz   **Shuuz**

7. **Palabras iguales en español no se pronuncian igual:** Observa cómo cambian estas palabras pese a que se escriben igual que en español:
   Ideas [ideas]   Doctor [doctor]   Animal [Animal]
   Aidiaz   **Dacter**   **Eanemol**

8. **La "T" muchas veces suena como "R":** En inglés Americano las palabras "City" y "Water" se pronuncian con "R".
   Water [Agua]   City [Ciudad]
   Warer   **Ciri**

9. **Diferentes palabras suenan igual:** Se conocen como "palabras homófonas" a aquellas que tienen el mismo sonido.
   Aunt [tía]   Ant [Hormiga]
   Eant   **Eant**

10. **Misma vocal con diferentes pronunciaciones:** Las mismas vocales pueden pronunciarse de manera diferente en diferentes palabras.
    Man [Hombre]   Name [Nombre]
    Mean   **Neim**

11. **Palabras sin vocales:** A diferencia de muchos otros idiomas, el inglés tiene palabras que pueden carecer de vocales, como "rhythm" (ritmo).
    Rhythm [Ritmo]
    Principiantes: **Ridem**   Avanzados: **Rizhm**

El sonido "th", para principiantes, lo hemos dejado en muchas palabras como el sonido "D" hispano. Pero para otras palabras hemos usado "zh". Esto lo explicamos con más detalle en nuestras guías y videos.

13. **Palabras que suelen confundir:** Angry (enojado, molesto) y **Hungry** (hambriento). Dos palabras que suelen confundirse ya que son las únicas que terminan en -gry.

Angry[Enojado]   **Hun**gry [Hambriento]
Engri   **Jan**gri

14. **La duración de las vocales:** es importante conocer la duración de las vocales, para sonar más natural.

Bee [Abeja]   See [ver]   Over**see**ing [Supervisar]
B**ii**   S**ii**   Ouvers**ii**ng

15. **Más de una pronunciación:** En inglés hay muchas palabras que se escriben de la misma manera pero tienen significados diferentes, y a veces, se pronuncian de forma diferente.

Read [Leer]   Read [Leyó]   Close [Cerrar]   Close [Cerca]
R**ii**d   R**e**d   Clou**z**   Clou**s**

16. **La V y la B hay que diferenciarlas:** observa como cambia el significado al diferenciar la "**B**" de la "**V**".

Best [Mejor]   Vest [Chaleco]
Best   **V**est

17. **Falta de Consistencia:** El hecho de que ya conozcas la pronunciación de una palabra no significa que se pronunciará igual cuando forme parte de una palabra compuesta.

Clean [Limpiar]   **Clean**liness [Limpieza]
Cl**ii**n   **Clen**lines

18. **Palabras que terminan en S a veces suenan con Z:** Muchos plurales, terceras personas y posesivos se pronuncian con **Z** pese a que se escriben con **S**.

Dad's [De papá]   Runs [Corre]   Doors [Puertas]
Dad**z**   Ran**z**   DOor**z**

19. **Vocales largas cambian significado:** es sutil pero muy importante, la duración de vocales puede cambiar el significado.

Ship [Barco]   Sheep [Obeja]
Sh**i**p   Sh**ii**p

¡Y todavía quedan muchas razones más que las descubrirás al estudiar con nosotros!

TEN EN CUENTA QUE:

La castellanización de las pronunciaciones son **una aproximación**, ya que el inglés tiene muchos sonidos no existentes en el español, sin embargo, ayudan enormemente a recordar la pronunciación y poder identificar correctamente las palabras.

El alfabeto inglés tiene **solo 26 letras, pero 44 sonidos diferentes**. Esa es una de las razones por las que los hispanos tenemos tantos problemas con la pronunciación, ya que estamos acostumbrados a que las palabras se lean igual a como se escriben.

Variedad de acentos: El inglés se habla en todo el mundo, y cada región tiene su propio acento distintivo. Los acentos varían desde el inglés británico, el americano, el australiano, el escocés y muchos otros.

Diferencias regionales: Incluso dentro de un solo país, como Estados Unidos o el Reino Unido, encontrarás diferencias significativas en la pronunciación de palabras y acentos debido a la diversidad regional.

Pese a todas esas diferencias, las pronunciaciones que aprenderás en este libro y en nuestro curso, te servirán en cualquier instancia y lugar.

Antes de comenzar te invitamos a...

① **¡Suscribirte a nuestro canal!**

② Y a acceder a nuestra **página web** para ver los **nuevos lanzamientos** y novedades

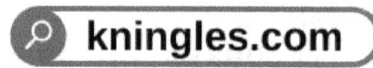

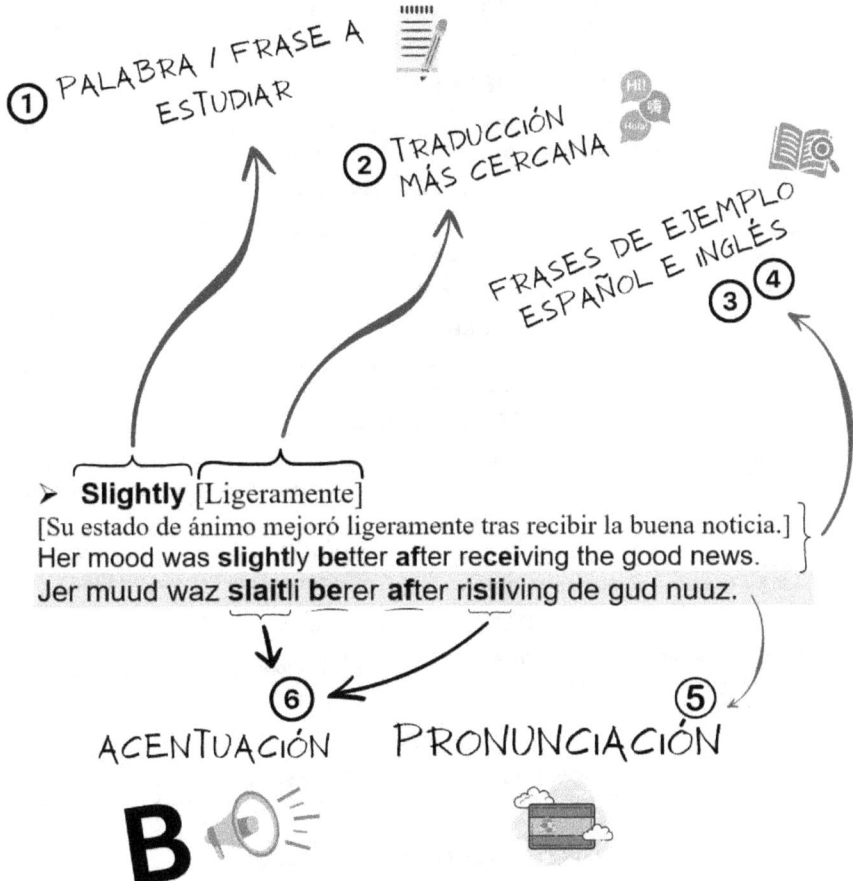

KNinglés VS OTROS

ENFOQUE:

✅ Te damos una forma fácil de leer los sonidos del inglés para hablar más natural, incluso los más difíciles: TH, R, vocales, schwa y acentuación.

❌ Pronunciación estándar (IPA o audio): útil, pero menos "amigable" para hispanos al leerla

ORIGEN DE LA PRONUNCIACIÓN:

✅ Método de pronunciación 100% humano, revisado y mejorado continuamente

❌ Pronunciación por IA o criterios inconsistentes

		Pronunciación	
Español	Inglés	KNinglés 	OTROS
¿Cómo estás?	How are you?	Jau ar yiu?	Jáwa iú?
¿Dónde está el baño?	Where is the **bath**room?	Wer iz de **bazh**rum?	Wéres de badrum?
delicioso	de**li**cious	de**li**shes	de**lí**chas
destino	desti**na**tion	desti**nei**shen	destihNAYshun

CONSISTENCIA:

✅ Misma lógica aplicada en toda la colección de libros

❌ La misma palabra puede aparecer distinta (hasta en el mismo libro)

VIDEOS:

✅ Videos paso a paso: sílabas + acento + IPA + oración + nativo en contexto.

❌ Audio suelto o explicación parcial sin estructura fija

CONTENIDO ACUMULADO:

✅ Ecosistema amplio (libros + miles de videos) en expansión según necesidades reales

❌ Curso limitado o catálogo pequeño

VIDA REAL:

✅ Vocabulario por situaciones y trabajos reales (útil de inmediato)

❌ Vocabulario genérico que no conecta con necesidades diarias

EJEMPLOS PRÁCTICOS Y COTIDIANOS

✅ Cada libro de inglés incluye cientos de ejemplos aplicables a contextos de la vida real

❌ Ejemplos genéricos y poco útiles para la vida diaria.

Antes

DE COMENZAR TE INVITAMOS A

¡Suscribirte a nuestro canal!

KNingles - Aprende Inglés en Español

@KNingles · 15,5 K suscriptores · 5,5 K vídeos

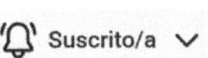

TENEMOS MILES DE VIDEOS Y TODOS INCLUYEN:

- ✓ PRONUNCIACIÓN
- ✓ SÍLABAS
- ✓ TRADUCCIÓN
- ✓ EJEMPLO
- ✓ ACENTUACIÓN
- ✓ HABLANTE NATIVO EN SITUACIÓN REAL

QUEREMOS CREAR EL MAYOR REPERTORIO DE PALABRAS.

¡NECESITAMOS TU APOYO!

Temas de esta guía:

- ✓ Solicitar Información Detallada — 11
- ✓ Frases para la Salud y el Bienestar — 19
- ✓ Frases para la Vida Laboral y Profesional — 26
- ✓ Problemas y Soluciones — 35
- ✓ Formas de Expresar Aprobación y Desaprobación — 43
- ✓ Hablar de Expectativas y Posibilidades — 51
- ✓ Expresiones de Probabilidad y Deducción — 58
- ✓ Expresiones Idiomáticas y Colocaciones Comunes — 65
- ✓ Uso de Phrasal Verbs en Contexto — 72
- ✓ Modificadores para Enfatizar Ideas — 80
- ✓ Conectores Avanzados y Expresiones de Contraste — 89
- ✓ Describir Cambios y Tendencias — 95
- ✓ Frases para Hablar del Futuro — 107
- ✓ Uso Avanzado de Voz Pasiva — 113
- ✓ Uso de Reported Speech — 121
- ✓ Relatar Eventos en Secuencia — 129
- ✓ Describir y Expresar Emociones Complejas — 138
- ✓ Debates y Argumentos Simples — 149
- ✓ Estrategias de Persuasión y Negociación — 159
- ✓ Describir Situaciones Hipotéticas — 167
- ✓ Hablar de Situaciones Imaginarias en el Pasado — 176

SOLICITAR INFORMACIÓN DETALLADA

En este nivel es fundamental aprender a solicitar información específica de manera clara, cortés y profesional, especialmente en contextos formales como formularios, pedir datos específicos, aclarar instrucciones, entrevistas o situaciones administrativas.

Las frases que se usan en este tipo de situaciones suelen construirse con modales como **could, would, may, can**, que suavizan la petición y le dan un tono respetuoso y educado. También se emplean estructuras impersonales o pasivas (**it is required that, please be advised**) para sonar más formales y objetivos.

Estas expresiones se utilizan principalmente en los tiempos verbales presentes (**present simple o present perfect**) o en estructuras modales que expresan posibilidad, cortesía o necesidad.

Tabla resumen: Reglas para Solicitar Información Detallada

Elemento	Descripción
Modales más usados	Could, Would, May, Can
Tiempo verbal principal	Presente simple con modales (estructura cortés)
Estructura gramatical	**Modal + sujeto + verbo base** (+ complemento)
Tono	Formal y educado (evitar "I want" en estos contextos)
Contextos típicos	Formularios, correos, entrevistas, atención al cliente, solicitudes administrativas

Fórmulas comunes para hacer oraciones

Pedir datos en formularios:
Could you please + verbo base + complemento?

Ejemplo: [¿Podría proporcionarme sus datos de contacto, por favor?]
Could you please pro**vide** your **con**tact **de**tails?
Cud yiu pliiz pro**vaid** yior **con**tact **dii**teilz?

Please fill in + objeto

Ejemplo: [Por favor, rellene todos los campos obligatorios.]
Please fill in all the re**quired** fields.
Pliiz fil in ol de ri**cuaierd** fieldz.

The form requires + objeto

Ejemplo: [El formulario requiere su nombre completo y dirección.]
The form re**qui**res your full name and **add**ress.
De form ri**cuai**erz yior ful neim eand **ad**res.

Aclarar instrucciones:
Could you clarify + qué información?

Ejemplo: [¿Podría explicarme los pasos del procedimiento?]
Could you **cla**rify the steps of the pro**ce**dure?
Cud yiu **kle**refai de steps of de pro**si**yer?

Please ensure that + sujeto + verbo

Ejemplo: [Por favor, asegúrese de adjuntar todos los documentos.]
Please en**sure** that all **do**cuments are at**tached**.
Pliiz en**shuor** dat ol **do**kiuments ar a**tacht**.

Make sure you + verbo base

Ejemplo: [Asegúrese de seguir las instrucciones cuidadosamente.]
Make sure you **fo**llow the **guide**lines **care**fully.
Meik shuor yiu **fo**lou de **gaid**lainz **ker**fuli.

Situaciones formales:

I would like to request + objeto

Ejemplo: [Me gustaría solicitar una reunión con el gerente.]
I would like to re**quest** a **mee**ting with the **ma**nager.
Ai wud laik tu ri**cuest** a **mii**ring wizh de **mea**nayer.

Would it be possible to + verbo base...?

Ejemplo: [¿Sería posible recibir una copia del contrato?]
Would it be **pos**sible to re**ceive** a **co**py of the **con**tract?
Wud it bi **pa**sebol tu ri**siiv** a **ca**pi of de **con**tract?

I kindly ask you to + verbo base

Ejemplo: [Le solicito amablemente que confirme la cita.]
I **kind**ly ask you to con**firm** the a**point**ment.
Ai **kain**li ask yiu tu ken**ferm** di a**point**ment.

Ejemplos

Formularios y solicitudes de datos:

➢ [¿Podría usted proporcionar su número de teléfono actual?]
Could you please pro**vide** your **cu**rrent phone **num**ber?
Cud yiu pliiz pro**vaid** yior **co**rrent foun **nam**ber?

➢ [Asegúrese de responder todas las preguntas obligatorias antes de enviar el formulario.]
Be sure to **ans**wer all the re**quired ques**tions be**fore** sub**mi**tting the form.
Bi shuor tu **ean**ser ol de ri**cuaierd cuest**chenz bi**foor** seb**mi**ring de form.

> [¿Sería tan amable de adjuntar su currículum?]
Would you be so kind as to **at**tach your **re**sumé?
Wud yiu bi sou kaind az tu atach yior resemei**?**

> [El formulario requiere una dirección válida.]
The form re**qui**res a **va**lid address.
De form ricuaierz a vealid adres.

> [Necesitamos saber su nacionalidad para continuar con el registro.]
We need to know your natio**na**lity to pro**ceed** with the regis**tra**tion.
Wi niid tu nou yior neashenealeri tu prosiid wizh de reyistreishen.

> [¿Podría usted proporcionar su dirección completa, por favor?]
Could you please pro**vide** your full **ad**dress?
Cud yiu pliiz provaid yior ful adres?

> [Por favor, complete la siguiente información en el formulario.]
Please fill in the **fo**llowing infor**ma**tion in the form.
Pliiz fil in de folouing informeishen in de form.

> [¿Puedo pedir su número de identificación?]
May i ask for your identifi**ca**tion **num**ber?
Mei ai ask for yior aidentifekeishen namber?

> [El formulario requiere los siguientes datos: nombre, dirección y correo electrónico.]
The form re**qui**res the **fo**llowing **de**tails: name, **a**ddress, and **e**mail.
De form ricuaierz de folouing diiteilz: neim, adres, eand imeil.

Aclarar instrucciones:

> [¿Podría aclarar qué documentos debo llevar?]
Could you **cla**rify which **do**cuments i need to bring?
Cud yiu klerefai wich dokiuments ai niid tu bring?

KNINGLÉS – NIVEL INTERMEDIO B2

➢ [Por favor, asegúrese de seguir las instrucciones cuidadosamente.]
Please en**sure** that you **fo**llow the in**struc**tions **care**fully.
Pliiz en**shuor** dat yiu **fo**lou di in**strak**shenz **ker**fuli.

➢ [¿Puede especificar cómo debemos entregar el archivo?]
Can you **spe**cify how we should sub**mit** the file?
Kean yiu **spe**sefai jau wi shud seb**mit** de fail?

➢ [Asegúrese de firmar todas las páginas del contrato.]
Make sure you sign all **pa**ges of the **con**tract.
Meik shuor yiu sain ol **pei**yes of de **con**tract.

➢ [Para mayor claridad, ¿podría enviarnos un ejemplo?]
For **fur**ther clarifi**ca**tion, could you send us an e**xam**ple?
For **fer**der clerefe**kei**shen, cud yiu send as an eg**zeam**pol?

➢ [Me gustaría solicitar más información sobre el evento.]
I would like to re**quest** more infor**ma**tion a**bout** the e**vent**.
Ai wud laik tu ri**cuest** moor infor**mei**shen a**baut** di e**vent**.

➢ [¿Le importaría decirme la hora de llegada exacta?]
Would you mind **te**lling me the e**xact** a**rri**val time?
Wud yiu maind **te**ling mi di eg**zeact arrai**vol taim?

➢ [Según las instrucciones, debe adjuntar una copia del pasaporte.]
A**cor**ding to the in**struc**tions, you must a**ttach** a **co**py of your **pass**port.
A**cor**ding tu di in**strak**shenz, yiu mast a**tach** a **ca**pi of yior **pas**port.

➢ [Asegúrese de incluir su número de teléfono.]
Make sure you in**clude** your phone **num**ber.
Meik shuor yiu in**clud** yior foun **nam**ber.

➢ [Se requiere que proporcione su historial médico.]
It is re**quired** that you pro**vide** your **me**dical **his**tory.
It iz ri**cuaierd** dat yiu pro**vaid** yior **me**recol **jis**tori.

KNINGLÉS – NIVEL INTERMEDIO B2

➤ [Para mayor aclaración, puede contactar a soporte.]
For **fur**ther clarifi**ca**tion, you may **con**tact su**pport**.
For **fer**der clerefe**kei**shen, yiu mei **con**tact se**port**.

Situaciones formales y profesionales:

➤ [Me gustaría solicitar una reunión con el responsable del área.]
I would like to re**quest** a **mee**ting with the de**part**ment head.
Ai wud laik tu ri**cuest** a **mii**ring wizh de di**part**ment jed.

➤ [¿Sería posible programar la entrevista para el lunes?]
Would it be **po**ssible to **sche**dule the **in**terview for **mon**day?
Wud it bi **pa**sebol tu **skey**uol di **in**terviu for **man**dei?

➤ [Le agradecería si pudiera confirmar la fecha de entrega.]
I would **appre**ciate it if you could con**firm** the delivery date.
Ai wud **apris**hieit it if yiu cud ken**ferm** de deliveri deit.

➤ [Le pido amablemente que responda antes del viernes.]
I **kind**ly ask you to re**ply** before **fri**day.
Ai **kain**li ask yiu tu re**plai** bi**foor frai**dei.

➤ [Según las instrucciones, debemos presentar el documento en original.]
A**ccor**ding to the in**struc**tions, we must sub**mit** the **o**riginal **do**cument.
A**cor**ding tu di in**strak**shenz, wi mast seb**mit** di **o**riyinol **do**kiument.

➤ [Si tiene alguna pregunta, no dude en preguntar al encargado.]
If you have **any ques**tions, do not **he**sitate to ask the **per**son in charge.
If yiu jav **eni cuest**chenz, du not **je**siteit tu ask de **per**son in charch.

KNINGLÉS – NIVEL INTERMEDIO B2

> [¿Podría especificar el motivo de su visita?]
> Could you **spe**cify the **rea**son for your **vi**sit?
> Cud yiu **spe**sefai de **rii**zen for yior **vi**zit?

> [¿Sería posible saber el nombre completo del responsable?]
> Would it be **po**ssible to know the full name of the **per**son in charge?
> Wud it bi **pa**sebol tu nou de ful neim of de **per**son in charch?

> [¿Puede confirmar la hora de entrega?]
> Can you con**firm** the de**li**very time?
> Kean yiu ken**ferm** de de**li**veri taim?

> [Por favor, asegúrese de que los datos sean correctos.]
> Please en**sure** that the infor**ma**tion is co**rrect**.
> Pliiz en**shuor** dat di infor**mei**shen iz co**rrect**.

> [Para continuar, necesitamos una copia de su contrato.]
> In **or**der to pro**ceed**, we need a **co**py of your **con**tract.
> In **or**der tu pro**siid**, wi niid a **ca**pi of yior **con**tract.

> [¿Sería tan amable de enviarnos su currículum actualizado?]
> Would you be so kind as to send us your up**da**ted **ré**sumé?
> Wud yiu bi sou kaind az tu send as yior ap**dei**red **re**semei?

> [Le agradecería si pudiera confirmar su asistencia lo antes posible.]
> I would appre**ci**ate it if you could con**firm** your **atten**dance as soon as **po**ssible.
> Ai wud apri**shi**eit it if yiu cud ken**ferm** yior a**ten**dens az suun az **pa**sebol.

> [Por favor, proporcione tantos detalles como sea posible sobre su experiencia laboral.]
Please pro**vide** as much **de**tail as **po**ssible **about** your work ex**pe**rience.
Pliiz pro**vaid** az mach **dii**teil az **pa**sebol a**baut** yior work ek**spi**riens.

> [¿Podría ampliar la información sobre su solicitud?]
Could you e**la**borate on your re**quest**?
Cud yiu i**lea**bereit on yior ri**cuest**?

> [Por favor, indique si tiene alguna necesidad especial.]
Please **in**dicate **whe**ther you have **a**ny **spe**cial requi**re**ments.
Pliiz **in**dikeit **we**der yiu jav **e**ni **spe**shol recuai**er**ments.

¿Quieres seguir aprendiendo? Explora nuestra guía de Inglés Conversacional, con +1300 preguntas y respuestas cotidianas del inglés. ¡Práctica, sencilla y completa!

FRASES PARA LA SALUD Y EL BIENESTAR

Este tema abarca vocabulario con **expresiones** para hablar del **estado físico o mental,** y frases útiles para situaciones como citas médicas, consultas psicológicas o entornos donde se discute **el cuidado personal y el bienestar general.**

También se introducen estructuras gramaticales más complejas como el uso de los modales para dar consejos **(should, ought to, might want to),** así como expresiones impersonales y formas pasivas.

Fórmulas comunes para construir oraciones:

Estructura / Fórmula	Uso	Tiempo verbal / modal
I have been feeling + adjetivo / sustantivo [He estado sintiendo] I have been **fee**ling Ai jav biin **fii**ling	Para describir síntomas emocionales o físicos	Present perfect continuous
I'm experiencing + sustantivo [Estoy experimentando] I'm ex**pe**riencing Aim ek**spi**riencing	Para síntomas o condiciones de salud	Presente continuo (uso formal)

Estructura	Uso	Gramática
You should / ought to + verbo base [Deberías/debería] You should / Ought to **Yiu shud / Ot tu**	Para dar consejos médicos o de bienestar	Modal: should / ought to
It is important to + verbo base [Es importante] It is important to **It iz important tu**	Para dar recomendaciones generales	Infinitivo / forma impersonal
I recommend / suggest + verbo –ing [Recomiendo/sugiero] I recommend / suggest **Ai recomend / sayest**	Para recomendar acciones de salud o autocuidado	Verbo + gerundio
There seems to be + sustantivo / situación [Parece haber] There seems to be **Der siimz tu bi**	Para describir observaciones médicas/situacionales	Presente simple / pasiva
Have you considered + verbo -ing…? [¿Has considerado?] Have you considered **Jav yiu kensiderd**	Para sugerir opciones o hábitos	Presente perfecto o condicional

Ejemplos

Vocabulario más técnico en contexto:

➢ [El paciente informó que experimentaba calambres abdominales severos.]
The **pat**ient re**por**ted ex**pe**riencing se**vere** ab**do**minal cramps.
De **peis**hent ri**por**ded ek**spi**riencing se**vier** ab**do**minol creamps.

KNINGLÉS – NIVEL INTERMEDIO B2

➤ [Su presión arterial ha estado inusualmente alta en los últimos días.]
Her blood **pre**ssure has been **un**usually high **o**ver the past few days
Jer blad **pre**sher jaz biin an**yiu**shuali jai **ou**ver de past fiu deiz.

➤ [Le diagnosticaron deshidratación moderada después del maratón.]
He was diag**nosed** with **mo**derate dehy**dra**tion **af**ter the **ma**rathon.
Ji waz daieg**nouzd** wizh **mo**deret dijai**drei**shen **af**ter de **me**razhon.

➤ [Le recetaron medicamentos antiinflamatorios para reducir la inflamación.]
They pres**cribed** anti - in**flam**matory medi**ca**tion to re**duce** the **swe**lling.
Dei pres**craibd** eanti - in**flea**metori meri**kei**shen tu ri**dus** de **sue**ling.

➤ [Recomendamos seguir una dieta baja en sodio para la salud cardiovascular.]
We reco**mmend fo**llowing a low - **so**dium diet for cardio**vas**cular health.
Wi reco**mend fo**louing a lou - **sou**riem **dai**et for cardio**vas**kiuler jelzh.

➤ [Síntomas como mareos, náuseas y visión borrosa no deben ser ignorados.]
Symptoms such as **di**zziness, **nau**sea, and blurred **vi**sion should not be ig**nored**.
Simptomz sach az **di**zines, **no**shea, eand blerd **vi**shen shud not bi ig**nord**.

21

> [Tiene antecedentes de problemas respiratorios, especialmente durante cambios de estación.]
She has a **his**tory of **res**piratory **i**ssues, **espe**cially **du**ring **sea**sonal **chan**ges.
Shi jaz a **jis**tori of **res**pretori **i**shuz, **espe**shali **du**ring **sii**zenol **chein**yez.

> [Mantener una postura adecuada puede ayudar a aliviar el dolor lumbar.]
Main**tai**ning **pro**per **pos**ture may help **alle**viate **low**er back pain.
Mein**tei**ning **pro**per **pos**cher mei jelp a**li**vieit **lou**er bak pein.

> [Es importante mantenerse hidratado, especialmente en verano.]
It is im**por**tant to stay **hy**drated, **espe**cially in **su**mmer.
It iz im**por**tent tu stei **jai**dreired, **espe**shali in **sa**mer.

Emociones físicas y mentales:

> [Últimamente he estado lidiando con fatiga crónica.]
I've been **stru**ggling with **chro**nic fa**tigue** lat**e**ly.
Aiv biin **stra**gling wizh **cro**nik fe**tiig leit**li.

> [Después de tantas reuniones, me siento mentalmente agotado.]
After so **ma**ny **mee**tings, i feel **men**tally drained.
After sou **me**ni **mii**ringz, ai fiil **men**tali dreind.

> [A menudo me siento abrumado por las responsabilidades diarias.]
I **of**ten feel over**whelmd** by **dai**ly responsi**bi**lities.
Ai **of**en fiil ouver**welmd** bai **dei**li risponse**bi**leriz.

> [Mis niveles de ansiedad tienden a aumentar en lugares concurridos.]
My an**xi**ety **lev**els tend to in**crease** in **crow**ded **pla**ces.
Mai en**zai**eri **lev**olz tend tu **in**criis in **crau**red **plei**sez.

➤ [Ella ha estado sufriendo de migrañas frecuentes desde hace semanas.]
She's been **suffering** from **fre**quent **mi**graines for weeks.
Shiz biin **safering** from **fricuent maigreinz** for **wiiks**.

➤ [Después de la cirugía, he notado una falta significativa de concentración.]
After the **sur**gery, i've **no**ticed a sig**nifi**cant lack of concen**tra**tion.
After de **ser**yeri, aiv **nou**rist a sig**nifi**kent lak of consen**trei**shen.

➤ [Él informó haber experimentado entumecimiento en su brazo izquierdo.]
He re**por**ted ex**pe**riencing **numb**ness in his left arm.
Ji ri**por**ded ek**spi**riencing **nam**nes in jiz left arm.

➤ [Describieron una sensación constante de inquietud e incomodidad.]
They des**cribed** a **con**stant **fee**ling of **rest**lessness and u**nease**.
Dei dis**craibd** a **con**stant **fii**ling of **rest**lesnes eand a**niiz**.

➤ [Últimamente he estado sintiéndome exhausto todo el tiempo.]
Lately, i have been **fee**ling e**xhaus**ted all the time.
Leitli, ai jav biin **fii**ling eg**zos**ted ol de taim.

➤ [Estoy experimentando dolor en el pecho desde esta mañana.]
I'm ex**pe**riencing chest pain since this **mor**ning.
Aim ek**spi**riencing chest pein sins dis **mor**ning.

➤ [Parece que hay un problema con mi visión desde ayer.]
There seems to be a **pro**blem with my **vi**sion since **yes**terday.
Der siimz tu bi a **pro**blem wizh mai **vi**shen sins **yies**terdei.

➤ [Últimamente he tenido problemas para dormir bien.]
I've been **ha**ving **trou**ble **slee**ping **late**ly.
Aiv biin **ja**ving **tra**bol **slii**ping **leit**li.

➤ [Deberías considerar hablar con un terapeuta certificado.]
You should con**sid**er **spea**king to a **li**censed **the**rapist.
Yiu shud ken**sir**er **spii**king tu a **lai**senst **zhe**rapist.

➤ [Podría ser beneficioso someterse a un chequeo médico completo.]
It might be bene**fi**cial to under**go** a full **me**dical check– up.
It mait bi bene**fi**shol tu ander**gou** a ful **me**recol chek – ap.

➤ [Se recomienda encarecidamente que reduzcas tu consumo de cafeína.]
It is **strong**ly re**commen**ded that you re**duce** your **caf**feine **in**take.
It iz **strong**li reco**men**ded dat yiu ri**dus** yior **ca**fiin **in**teik.

➤ [Para mejorar la calidad de tu sueño, deberías crear una rutina nocturna constante.]
In **or**der to im**prove** your sleep **qua**lity, you ought to cre**ate** a con**sis**tent **bed**time rou**tine**.
In **or**der tu im**pruuv** yior sliip **cua**leri, yiu ot tu cri**eit** a ken**sis**tent **bed**taim ru**tiin**.

➤ [Es aconsejable buscar orientación profesional si los síntomas persisten.]
It is ad**vi**sable to seek pro**fes**sional **gui**dance if **symp**toms per**sist**.
It iz ad**vai**sebol tu siik pro**fes**henol **gai**rens if **simp**tomz per**sist**.

➤ [Quizás quieras limitar el uso de pantallas antes de dormir.]
You may want to **li**mit your screen time be**fore** **go**ing to bed.
Yiu mei want tu **li**mit yior scriin taim bi**foor** **gou**ing tu bed.

KNINGLÉS – NIVEL INTERMEDIO B2

➤ [Deberías evitar automedicarte, especialmente sin un diagnóstico adecuado.]
You should **avoid** self - **me**dicating, **espe**cially wi**thout pro**per diag**nosis**.
Yiu shud **avoid** self - **me**rikeiring, **espe**shali wi**zhaut proper** daig**nouses**.

➤ [En caso de síntomas graves, se requiere atención médica inmediata.]
In case of **severe symp**toms, **imme**diate **me**dical **atten**tion is re**quired**.
In keis of se**vier simp**tomz, i**mi**riet **me**recol **aten**shen iz ri**cuaierd**.

➤ [Para reducir el estrés, es recomendable hacer ejercicios de respiración.]
To re**duce** stress, it is reco**mmend do**ing some **brea**thing **ex**ercises.
Tu ri**dus** stres, it iz reco**mend du**ing sam **bri**zhing **ek**sersaizez.

➤ [Quizás deberías tomarte un descanso antes de continuar.]
You might want to take a break be**fore** con**ti**nuing.
Yiu mait want tu teik a breik bi**foor** ken**ti**niuing.

➤ [Para sentirte mejor, deberías evitar los alimentos procesados.]
To feel **be**tter, you should a**void pro**cessed foods.
Tu fiil **be**rer, yiu shud a**void pro**cest fuudz.

VOCABULARIO Y FRASES PARA LA VIDA LABORAL Y PROFESIONAL

Este tema incluye vocabulario más preciso y frases estructuradas con **un tono profesional** y educado, incluye información útil para comunicarse con eficacia en contextos profesionales y laborales, como **reuniones, entrevistas de trabajo, correos electrónicos formales, dar o recibir feedback**, y participar en dinámicas cotidianas de oficina.

Se hace uso de modales formales **(could, would)**, tiempos condicionales, pasiva, expresiones impersonales y conectores para mantener claridad y cortesía en la comunicación.

Fórmulas comunes para construir oraciones laborales:

Estructura / Fórmula	Uso	Tiempo / Modal
I would like to + verbo base [Me gustaría] I would like to Ai wud laik tu	Iniciar una solicitud o propuesta de manera profesional	Condicional formal
Could you please + verbo base...? [¿Podrías, por favor...?] Could you please Cud yiu pliiz	Solicitud formal o delegar tareas con cortesía	Modal + presente

KNINGLÉS – NIVEL INTERMEDIO B2

I suggest / recommend + verbo –ing [Sugiero/recomiendo] I su**ggest** / reco**mmend** Ai sa**yest** / recommend	Proponer acciones o soluciones	Gerundio / presente
It would be helpful if + sujeto + verbo pasado [Sería útil si] It would be **help**ful if It wud bi **jelp**ful if	Sugerencia formal en condicional	Condicional II
We need to ensure that + oración [Necesitamos asegurarnos de que] We need to en**sure** that Wi niid tu en**shuor** dat	Declaración de obligación profesional	Presente
Please find attached + objeto [Encontrará adjunto] Please find **attached** Pliiz faind **atacht**	Adjuntar documentos en correos electrónicos	Frase fija (presente)
I'm reaching out regarding + asunto [Me pongo en contacto contigo con respecto a] I'm **rea**ching out re**gar**ding Aim **rii**ching aut ri**gar**ding	Introducción educada en correos o mensajes	Presente continuo formal
[Gracias por tu aportación/apoyo/comentarios] Thank you for your **in**put / su**pport** Zhenk yiu for yior **in**put / se**port**	Cierre o agradecimiento formal	Presente

Ejemplos

Reuniones y coordinación de tareas:

➤ [¿Podría usted confirmar su disponibilidad para la reunión del jueves?]
Could you please con**firm** your availa**bili**ty for **thurs**day's **mee**ting?
Cud yiu pliiz ken**ferm** yior aveile**bi**liri for **zhers**deiz **mii**ring?

➤ [Me gustaría agendar una reunión para revisar los avances del equipo.]
I would like to **sche**dule a **mee**ting to re**view** the team's **pro**gress.
Ai wud laik tu **ske**yuol a **mii**ring tu ri**viu** de tiimz **pro**gres.

➤ [Sugiero posponer la reunión para permitir más tiempo de preparación.]
I su**ggest** post**po**ning the **mee**ting to a**llow** more prepa**ra**tion time.
Ai sa**yest** poust**pou**ning de **mii**ring tu **alau** moor prepa**rei**shen taim.

➤ [¿Podemos reunirnos brevemente para aclarar algunos puntos?]
Can we meet **bri**efly to **cla**rify a few points?
Kean wi miit **bri**fli tu **kle**refai a fiu points?

➤ [Pongámonos en contacto mañana para definir los detalles finales.]
Let's touch base to**mo**rrow to **fi**nalize the re**mai**ning **de**tails.
Lets tach beis tu**mo**rrou tu **fai**nalaiz de re**mei**ning **dii**teilz.

➤ [Es importante que todos estén presentes para tomar decisiones clave.]
It's im**por**tant that **e**veryone is pre**sent** to make key de**ci**sions.
Its im**por**tent dat **e**vriwan iz pre**zent** tu meik kii de**si**shenz.

➤ [La reunión fue reprogramada para el viernes a las 10 a. m.]
The **mee**ting was re**sche**duled for **fri**day at ten a.m.
De **mii**ring waz ris**key**uol for **frai**dei at ten ei-em.

➤ [¿Podría compartir la agenda antes del encuentro?]
Could you share the **agen**da be**fore** the **mee**ting?
Cud yiu sher di **ayen**da bi**foor** de **mii**ring?

➤ [Vamos a revisar los objetivos principales al inicio de la sesión.]
We'll re**view** the main ob**jec**tives at the be**gin**ning of the **ses**sion.
Wil ri**viu** de mein ob**yec**tivz at de bi**gui**ning of de **se**shen.

➤ [Es recomendable tomar notas para no olvidar ningún detalle.]
It is ad**vis**able to take notes to a**void** mi**s**sing any **de**tails.
It iz ad**vai**sebol tu teik nouts tu a**void** mi**s**ing eni **dii**teilz.

Entrevistas y procesos de selección:

➤ [El puesto requiere al menos dos años de experiencia relevante.]
The po**si**tion re**qui**res at least two years of **re**levant ex**pe**rience.
De po**zi**shen ri**cuai**erz at list tu yierz of **re**levent ek**spi**riens.

➤ [¿Qué habilidades considera usted más importantes para este rol?]
What skills do you con**si**der most im**por**tant for this role?
Wat skilz du yiu ken**si**rer moust im**por**tent for dis rool?

➤ [El proceso de selección incluye una prueba escrita y una entrevista final.]
The se**lec**tion **pro**cess in**clu**des a **wri**tten test and a **fi**nal **in**terview.
De se**lek**shen **pro**ses in**cluud**z a **wri**ten test eand a **fai**nol **in**terviu.

➤ [Nos pondremos en contacto con los candidatos seleccionados esta semana.]
We will con**tact** the **short**listed **can**didates this week.
Wi wil **con**tact de **short**listed **kean**dideits dis wiik.

KNINGLÉS – NIVEL INTERMEDIO B2

➢ [Durante la entrevista, destaca tus logros y experiencia relevante.]
During the interview, highlight your achievements and relevant experience.
During di interviu, jailait yior achivments eand relevent ekspiriens.

➢ [¿Podría enviarnos una copia actualizada de su currículum?]
Could you please send us an updated copy of your résumé?
Cud yiu pliiz send as an apdeired capi of yior resemei?

➢ [Le agradeceríamos si pudiera asistir a la entrevista el lunes por la mañana.]
We would appreciate it if you could attend the interview on monday morning.
Wi wud aprishieit it if yiu cud atend di interviu on mandei morning.

➢ [Me pongo en contacto en relación con la vacante de empleo publicada.]
I'm reaching out regarding the job opening you posted.
Aim riiching aut rigarding de yaab oupening yiu pousted.

➢ [El candidato demostró confianza y buena comunicación verbal.]
The candidate showed confidence and strong verbal communication skills.
De keandideit shoud confidens eand strong verbol comiunikeishen skilz.

➢ [Recomendamos preparar algunas preguntas para el entrevistador.]
We recommend preparing a few questions for the interviewer.
Wi recomend pripering a fiu cuestchenz for di interviuer.

Feedback y evaluación profesional:

➢ [Su desempeño ha sido consistente y confiable durante el trimestre.]
Your performance has been consistent and reliable throughout the quarter.
Yior performens jaz biin kensistent eand rilaiebol zhruaut de cuorer.

KNINGLÉS – NIVEL INTERMEDIO B2

➢ [¿Podría explicar más a fondo su sugerencia anterior?]
Could you elaborate further on your previous suggestion?
Cud yiu ileabereit ferder on yior privies sayeschen?

➢ [El informe de desempeño será discutido en la próxima evaluación anual.]
The performance report will be discussed in the upcoming annual review.
De performens riport wil bi discast in di apcaming eaniuol riviu.

➢ [Los comentarios recibidos serán tenidos en cuenta para futuros proyectos.]
The feedback received will be taken into account for future projects.
De fiidbak risiivt wil bi teiken intu akaunt for fiucher proyects.

➢ [Gracias por sus comentarios sobre mi presentación.]
Thank you for your feedback on my presentation.
Zhenk yiu for yior fiidbak on mai prezenteishen.

➢ [El equipo valoró mucho sus sugerencias durante la reunión.]
The team greatly appreciated your suggestions during the meeting.
De tiim greitli aprishieired yior sayeschenz during de miiring.

➢ [¿Podría darme una retroalimentación más detallada sobre mi desempeño?]
Could you give me more detailed feedback on my performance?
Cud yiu guiv mi moor diiteilt fiidbak on mai performens?

➢ [Es importante dar retroalimentación constructiva de manera respetuosa.]
It is important to give constructive feedback respectfully.
It iz importent tu guiv kenstraktiv fiidbak rispectfuli.

> [Recibimos varios comentarios positivos sobre su trabajo en el proyecto.]
We re**ceived se**veral **po**sitive **com**ments a**bout** your work on the **pro**ject.
Wi ri**siivt se**vrol **po**siriv **com**ents a**baut** yior work on de **pro**yect.

> [Su actitud proactiva fue mencionada como una fortaleza.]
Your pro**ac**tive **at**titude was **men**tioned as a strength.
Yior pro**ac**tiv **a**ritud waz **men**shend az a strenzh.

Correos electrónicos formales y correspondencia:

> [Le agradecería si pudiera enviarme los documentos antes del miércoles.]
I would **appre**ciate it if you could send me the **do**cuments be**fore wed**nesday.
Ai wud **apri**shieit it if yiu cud send mi de **do**kiuments bi**foor wens**dei.

> [Por favor, tenga en cuenta que la oficina estará cerrada por festivo.]
Please note that the **of**fice will be closed for the **ho**liday.
Pliiz nout dat di **o**fis wil bi clouzd for de **jo**lidei.

> [Este correo es para confirmar nuestra reunión del lunes.]
This **e**mail is to con**firm o**ur **mee**ting on **mon**day.
Dis **i**meil iz tu ken**ferm au**er **mii**ring on **man**dei.

> [Agradecemos de antemano su atención y cooperación.]
We thank you in ad**vance** for your **atten**tion and coope**ra**tion.
Wi zhenk yiu in ed**veans** for yior **aten**shen eand kuape**rei**shen.

> [Adjunto el informe solicitado en su último correo.]
Please find **attached** the re**port** you re**ques**ted in your last **e**mail.
Pliiz faind **atacht** de ri**port** yiu ri**cues**ted in yior last **i**meil.

KNINGLÉS – NIVEL INTERMEDIO B2

➤ [Le escribo para hacer seguimiento al presupuesto enviado.]
I'm writing to follow up on the quote that was sent.
Aim wrairing tu folou ap on de cuout dat waz sent.

➤ [Gracias por su pronta respuesta.]
Thank you for your prompt reply.
Zhenk yiu for yior prompt replai.

➤ [En caso de dudas, no dude en contactarnos nuevamente.]
If you have any questions, please do not hesitate to contact us again.
If yiu jav eni cuestchenz, pliiz du not jesiteit tu contact as aguen.

➤ [Esperamos tener noticias suyas pronto.]
We look forward to hearing from you soon.
Wi luk fowerd tu jirring from yiu suun.

➤ [Por favor, confirme la recepción de este mensaje.]
Please confirm receipt of this message.
Pliiz kenferm risit of dis mesech.

Dinámicas de oficina y trabajo en equipo:

➤ [Es fundamental delegar tareas de forma equitativa entre los miembros del equipo.]
It is essential to delegate tasks fairly among team members.
It iz esenchol tu delegueit tasks ferli amang tiim memberz.

➤ [¿Cómo podríamos mejorar la eficiencia del flujo de trabajo?]
How could we improve workflow efficiency?
Jau cud wi impruuv workflou efishensi?

➤ [Un ambiente laboral positivo favorece la productividad.]
A positive work environment fosters productivity.
A posiriv work envairenment fosterz proudactiveri.

> [Se recomienda establecer metas semanales realistas y alcanzables.]
It is recommended to set realistic and achievable weekly goals.
It iz recomended tu set rialistik eand achivabol wiikli goulz.

> [Este proyecto requiere una estrecha colaboración entre departamentos.]
This project requires close collaboration across departments.
Dis proyect ricuaierz clous colaboreishen acroos dipartments.

> [Deberíamos asegurarnos de que todos comprendan sus responsabilidades.]
We should ensure that everyone understands their responsibilities.
Wi shud enshuor dat evriwan andersteands der risponsebileriz.

> [¿Puede encargarse de coordinar con el área de finanzas?]
Can you take care of coordinating with the finance department?
Kean yiu teik ker of couordineiring wizh de faineans dipartment?

> [La comunicación abierta es clave para mantener un buen ambiente laboral.]
Open communication is key to maintaining a good work environment.
Oupen comiunikeishen iz kii tu meinteining a gud work envairenment.

PROBLEMAS Y SOLUCIONES

Aprender a expresar problemas, hacer quejas o reclamos y proponer soluciones de forma educada y profesional es fundamental. En este tema se verá como desenvolverse correctamente en situaciones de insatisfacción con productos, servicios, situaciones laborales o administrativas, manteniendo un tono respetuoso y cortes.

Se utilizan estructuras formales con modales como **would, could, might**, así como **formas impersonales y pasivas** para reclamar sin sonar agresivos. También se enseñan respuestas adecuadas que reconocen el problema y ofrecen soluciones diplomáticas.

Reglas para expresar problemas y soluciones:

Elemento	Uso principal
Tono formal y cortés	Se evita lenguaje directo o emocional. Se usan formas impersonales y condicionales.
Modales comunes	**Would, Could, Might, Should**
Estructuras frecuentes	[Me gustaría…, Me temo…, Parece que hay…, Agradecería que…] I would like to.., I'm **afraid**.., There seems to be.., I'd **appre**ciate it if. Ai wud laik tu…, Aim afraid.., Der siimz tu bi.., Aid **apri**shieit it if
Formas pasivas	Se usa para no culpar directamente: [Se cometió un error, El producto se entregó tarde.] A mi**stake** was made, the **pro**duct was delivered late. A mi**steik** waz meid, de **pro**ract waz deliverd leit.

Tiempos verbales	Presente simple / Presente perfecto / Condicional / Presente continuo (para acciones en curso)

Estructuras gramaticales y tiempos:

Estructura gramatical	Modal / Tiempo	Uso principal
I would like to + verbo base [Me gustaría] I would like to Ai wud laik tu	Condicional formal	Introducir una queja con cortesía
There seems / appears to be + sustantivo / error [Parece que hay] There seems to be Der siimz tu bi	Presente simple (pasiva)	Describir el problema con tacto
I'm afraid there has been + sustantivo [Me temo que ha habido] I'm afraid there has been Aim afreid der jaz biin	Presente perfecto	Introducción suave a una queja
I'd appreciate it if you could + verbo base [Le agradecería si pudiera] I'd appreciate it if you could Aid aprishieit it if yiu cud	Condicional	Pedir una solución sin sonar exigente

KNINGLÉS – NIVEL INTERMEDIO B2

Could you please + verbo base…? [Podría por favor] Could you please Cud yiu pliiz	Modal + presente	Solicitud educada para resolver el problema
We apologize for + sustantivo / gerundio [Nos disculpamos por] We **apo**logize for Wi **apo**loyaiz for	Presente + gerundio / pasiva	Ofrecer disculpas formales
Allow us to + verbo base [Permítanos] **Allow** us to A**lau** as tu	Presente (formal)	Introducir solución profesional
It would be helpful if + sujeto + pasado simple [Sería útil si] It would be **help**ful if It wud bi **jelp**ful if	Condicional II	Sugerencia indirecta para solución
We are currently + verbo –ing [Actualmente estamos] We are **cu**rrently Wi ar **co**rrentli	Presente continuo	Indicar que se está trabajando en la solución

Ejemplos

Quejas y reclamos formales:

➤ [Me gustaría expresar mi inconformidad con el servicio recibido.]
I would like to ex**press** my di**ssa**ti**sfac**tion with the **ser**vice pro**vi**ded.
Ai wud laik tu ek**spres** mai disares**fack**shen wizh de **ser**ves pro**vai**ded.

➤ [Hubo un error en la factura que necesito que corrijan.]
There was a mi**stake** on the **in**voice that i need you to co**rrect**.
Der waz a mi**steik** on di **in**vois dat ai niid yiu tu co**rrect**.

➤ [Me temo que ha habido una confusión con mi pedido.]
I'm a**fraid** there has been a mix - up with my **or**der.
Aim a**freid** der jaz biin a miks - ap wizh mai **or**der.

➤ [El producto no corresponde con lo que se anunció.]
The **pro**duct does not match what was ad**ver**tised.
De **pro**ract daz not mach wat waz ad**ver**taizd.

➤ [La entrega llegó tarde y el paquete estaba dañado.]
The de**li**very a**rrived** late and the **pac**kage was **da**maged.
De de**li**veri a**rraivd** leit eand de **pa**kech waz **dea**mechd.

➤ [Solicito una solución inmediata al problema presentado.]
I am re**ques**ting an i**mme**diate so**lu**tion to the **is**sue.
Ai eam ri**cues**ting an i**miriet** so**lu**shen tu di **is**hu.

➤ [Este problema ha causado inconvenientes significativos.]
This **is**sue has caused sig**ni**ficant incon**ve**nience.
Dis **is**hu jaz coozd sig**ni**fikent inken**vi**niens.

➤ [No estoy satisfecho con la forma en que se manejó la situación.]
I'm not sa**tis**fied with how the situ**a**tion was **han**dled.
Aim not sa**ris**faid wizh jau de situ**ei**shen waz **jean**dold.

➤ [Me temo que el producto recibido no cumple con lo prometido.]
I'm **afraid** the **pro**duct re**ceived** does not meet the **pro**mised **stan**dards.
Aim **afreid** de **pro**ract ri**siivt** daz not miit de **pro**mest **stean**derdz.

➤ [No he recibido ninguna respuesta desde mi último mensaje.]
I have not re**ceived** any re**sponse** since my last **me**ssage.
Ai jav not ri**siivt** eni ri**spoons** sins mai last **me**sech.

➤ [El servicio estuvo muy por debajo de lo esperado.]
The **ser**vice was well be**low** expec**ta**tions.
De **serves** waz wel be**lou** ekspek**tei**shenz.

➤ [Me gustaría presentar una queja formal respecto a esta situación.]
I would like to file a **for**mal com**plaint** regar**ding** this situ**a**tion.
Ai wud laik tu fail a **for**mol com**pleint** rigar**ding** dis situ**ei**shen.

Solicitudes de solución y seguimiento:

➤ [Agradecería si pudieran revisar este asunto lo antes posible.]
I'd **appre**ciate it if you could look **in**to this **ma**tter as soon as **po**ssible.
Aid **apri**shieit it if yiu cud luk **in**tu dis **ma**rer az suun az **pa**sebol.

➤ [¿Podría indicarme qué pasos debo seguir para resolver esto?]
Could you please tell me what steps i need to take to re**solve** this?
Cud yiu pliiz tel mi wat steps ai niid tu teik tu ri**zoolv** dis?

➤ [¿Sería posible recibir una compensación o reemplazo?]
Would it be **po**ssible to re**ceive** a re**fund** or re**place**ment?
Wud it bi **pa**sebol tu ri**siiv** a **ri**fand or ri**pleis**ment?

KNINGLÉS – NIVEL INTERMEDIO B2

➤ [Por favor, infórmenme tan pronto tengan una actualización.]
Please **inform** me as soon as you have an **up**date.
Pliiz in**form** mi az suun az yiu jav an **ap**deit.

➤ [Les ruego una pronta respuesta a este problema.]
I **kind**ly re**quest** a prompt re**sponse** to this **is**sue.
Ai **kain**li ri**cuest** a prompt ri**spoons** tu dis **is**hu.

➤ [Agradecería una explicación clara de lo sucedido.]
I would **appre**ciate a clear expla**na**tion of what **ha**ppened.
Ai wud **apri**shieit a clier eksple**nei**shen of wat **ja**pend.

➤ [Estoy dispuesto a colaborar para resolver este malentendido.]
I am **wi**lling to co**o**perate to re**solve** this misunder**stan**ding.
Ai eam **wi**ling tu ku**o**pereit tu ri**zoolv** dis misander**stean**ding.

➤ [¿Podrían verificar nuevamente los datos enviados?]
Could you **dou**ble - check the infor**ma**tion that was sub**mitt**ed?
Cud yiu **da**bol - chek di infor**mei**shen dat waz seb**mir**ed?

➤ [Agradecería una respuesta dentro de las próximas 24 horas.]
I would **appre**ciate a re**sponse** **with**in the next **twen**ty four **hours**.
Ai wud **apri**shieit a ri**spoons** wi**zhin** de nekst **tue**ni for **auerz**.

➤ [¿Podrían indicarme si hay un procedimiento de devolución?]
Could you please let me know if there is a re**turn** proce**dure**?
Cud yiu pliiz let mi nou if der iz a ri**tern** pro**si**yer?

➤ [Sería de mucha ayuda contar con una solución antes del viernes.]
It would be **ve**ry **help**ful to have a so**lu**tion by **fri**day.
It wud bi **ve**ri **jelp**ful tu jav a so**lu**shen bai **frai**dei.

➤ [¿Existe alguna alternativa para resolver este inconveniente?]
Is there **an**y al**ter**native to re**solve** this **is**sue?
Iz der **eni** al**ter**neriv tu ri**zoolv** dis **is**hu?

Respuestas formales y soluciones ofrecidas:

➤ [Lamentamos profundamente los inconvenientes ocasionados.]
We **deep**ly re**gret** the incon**ven**ience caused.
Wi **dip**li ri**gret** di inken**vin**iens coozd.

➤ [Hemos recibido su queja y la estamos gestionando.]
We have re**ceiv**ed your com**plaint** and are **cu**rrently **han**dling it.
Wi jav ri**siivt** yior com**pleint** eand ar **co**rrentli **jeand**eling it.

➤ [Permítanos ofrecerle una solución adecuada.]
A**llow** us to **off**er you an **appro**priate sol**ut**ion.
A**lau** as tu **of**er yiu an a**prou**piet sol**u**shen.

➤ [Nos comprometemos a evitar que esto vuelva a ocurrir.]
We are com**mitt**ed to en**sur**ing this does not **ha**ppen a**gain**.
Wi ar co**mir**ed tu in**shu**ring dis daz not **ja**pen a**guen**.

➤ [Gracias por informarnos sobre este problema.]
Thank you for **brin**ging this **is**sue to **our** at**ten**tion.
Zhenk yiu for **brin**ging dis **is**hu tu **auer** a**tens**hen.

➤ [Como compensación, le ofrecemos un descuento del 20 %.]
As compen**sa**tion, we are **off**ering you a **twen**ty % dis**count**.
Az compen**seis**hen, wi ar **of**ering yiu a **tue**ni % dis**caunt**.

➤ [El equipo técnico ya está trabajando para resolverlo.]
The **tech**nical team is al**rea**dy **work**ing to fix the **iss**ue.
De **tec**nicol tiim iz ol**rre**di **work**ing tu fix di **is**hu.

➤ [Esperamos que acepte nuestras disculpas por lo sucedido.]
We hope you ac**cept** our a**po**logies for the incon**ven**ience.
Wi joup yiu ak**sept** au**er** a**po**loyiz for di inken**vin**iens.

➤ [Estamos tomando medidas para evitar que este error se repita.]
We are **ta**king steps to en**sure** this error does not **ha**ppen a**gain**.
Wi ar **tei**king steps tu en**shuor** dis error daz not **ja**pen a**guen**.

> [Nos disculpamos sinceramente por cualquier molestia causada.]
We sincerely apologize for any inconvenience caused.
Wi sensierli apoloyaiz for eni inkenviniens coozd.

Lenguaje cortés para reclamos delicados:

> [Entiendo que pueden surgir errores, pero esto ha afectado nuestra experiencia.]
I understand that mistakes can happen, but this has affected our experience.
Ai andersteand dat misteiks kean japen, bat dis jaz afected auer ekspiriens.

> [No es mi intención causar molestias, pero creo que esto debe ser revisado.]
It is not my intention to cause trouble, but i believe this should be reviewed.
It iz not mai intenshen tu cooz trabol, bat ai biliiv dis shud bi reviud.

> [Confío en que encontrarán una solución adecuada a este problema.]
I trust that you will find a suitable solution to this issue.
Ai trast dat yiu wil faind a surabol solushen tu dis ishu.

> [Agradezco su atención y comprensión en este asunto.]
I appreciate your attention and understanding in this matter.
Ai aprishieit yior atenshen eand andersteanding in dis marer.

FORMAS DE EXPRESAR APROBACIÓN Y DESAPROBACIÓN

En este nivel es importante saber cómo expresar acuerdo o desacuerdo de forma educada, argumentada y matizada, especialmente en entornos formales, académicos o profesionales. Este tema enseña a responder con claridad a opiniones ajenas, usando modales, conectores, expresiones impersonales y grados de acuerdo.

Es fundamental aprender a no sonar agresivos ni absolutos cuando se desaprueba una idea, y a usar estructuras que introduzcan el punto de vista con cortesía, incluso cuando se está en desacuerdo.

Reglas y fórmulas para expresar aprobación y desaprobación:

Función	Estructura / fórmula	Uso
Aprobación fuerte	[totalmente de acuerdo en eso] I **strong**ly **agree** that Ai **strong**li **agrii** dat [Absolutamente] **Abso**lutely **Abso**lutli [Es muy cierto] That's so true Dats sou truu	Mostrar acuerdo total
Aprobación parcial	[Estoy de acuerdo hasta cierto punto] I **agree** to some ex**tent** Ai **agrii** tu sam ek**stent** [Supongo que es cierto] I su**ppose** that's true Ai se**pouz** dats truu	Acordar con matices o en parte

	[Podría funcionar] That could work. Dat cud work	
Desacuerdo moderado	[No estoy seguro de eso] I'm not sure **about** that Aim not **shuor abaut** dat	No estar completamente de acuerdo, de forma respetuosa
	[Tiendo a discrepar] I tend to disa**gree** Ai tend tu dise**grii**	
	[Es discutible] That's de**ba**table. Dats de**bei**rabol	
Desacuerdo fuerte (formal)	[Tengo que estar en desacuerdo] I have to disa**gree** Ai jav tu dise**grii**	Rechazar un punto sin sonar ofensivo
	[Eso no es necesariamente cierto] That's not nece**ssa**rily true Dats not nece**ser**li truu	
	[Me temo que no puedo estar de acuerdo] I'm **afraid** i can't **agree**. Aim **afreid** ai keant a**grii**.	
Introducir una opinión	[En mi opinión] In my o**pi**nion In mai o**pi**nien	Expresar punto de vista personal
	[Desde mi punto de vista] From my point of view From mai point of viu	
	[En lo que a mí respecta] As far as i'm con**cerned**. Az faar az aim ken**cernd**	

Conectores útiles	[Sin embargo] However Jauever	Contrastar ideas y matizar
	[Por otro lado] On the other hand On di oder jeand	
	[Aunque] Even though iiven dou	
	[Considerando que] Whereas Weraz	
	[Dicho esto] That said Dat sed	

Ejemplos

Aprobación:

➤ [Estoy completamente de acuerdo con priorizar la salud mental en entornos laborales exigentes.]
I completely agree with prioritizing mental health in demanding work environments.
Ai complitli agrii wizh praioretaizing mentol jelzh in demeanding work envairenments.

➤ [Es absolutamente cierto que la sostenibilidad debería ser parte del modelo empresarial.]
It's absolutely true that sustainability should be part of the business model.
Its absolutli truu dat susteinabileri shud bi part of de biznes marol.

> [No podría estar más de acuerdo con establecer límites claros entre trabajo y vida personal.]
I **could**n't **agree** more with **set**ting clear **boun**daries be**tween** work and **per**sonal life.
Ai **cu**dent **agrii** moor wizh **se**ring clier **baun**deriz bi**tuiin** work eand **per**sonal laif.

> [Tienes razón en destacar la importancia de la diversidad en los equipos.]
You're right to **high**light the im**por**tance of di**ver**sity in teams.
Yiuor rait tu **jai**lait di im**por**tens of de**ver**seri in tiimz.

> [Estoy de acuerdo en parte, aunque la implementación práctica parece complicada.]
I **agree** to some ex**tent**, al**though** the **prac**tical implemen**ta**tion seems com**pli**cated.
Ai **agrii** tu sam ek**stent**, ol**dou** de **prac**ticol implemen**tei**shen siimz com**pli**keired.

> [Supongo que eso es válido, dependiendo del contexto cultural.]
I su**ppose** that's **va**lid, de**pen**ding on the **cul**tural **con**text.
Ai se**pouz** dats **vea**lid, di**pen**ding on de **cal**cherol **con**text.

> [Esa idea funciona en teoría, pero podría fallar en la práctica.]
That i**dea** works in **the**ory, but might fail in **prac**tice.
Dat ai**dia** works in **zhe**ori, bat mait feil in **prac**tis.

> [Estoy de acuerdo, pero solo si se respetan ciertos criterios.]
I **agree**, but **on**ly if **cer**tain cri**te**ria are re**spec**ted.
Ai **agrii**, bat **on**li if **cer**tn crai**ti**ria ar ri**spec**ted.

> [Esa observación me parece totalmente lógica.]
That obser**va**tion seems com**plete**ly **lo**gical to me.
Dat obzer**vei**shen siimz com**plit**li **lo**yicol tu mi.

> [Estoy totalmente de acuerdo con reducir la jornada laboral para aumentar la productividad.]
I **strong**ly **agree** with re**du**cing **wor**king **hou**rs to boost produc**ti**vity.
Ai **strong**li **agrii** wizh re**du**sing **wor**king **auer**z tu bust prouda**cti**veri.

> [Supongo que eso es cierto en casos específicos, como proyectos creativos.]
I su**ppose** that's true in spe**ci**fic **ca**ses, such as creative **pro**jects.
Ai se**pouz** dats truu in speci**fik kei**sez, sach az cri**ei**riv **pro**yects.

> [Creo que tienes un punto válido en lo que respecta a la flexibilidad laboral.]
I think you have a **va**lid point re**gar**ding **work**place flexi**bi**lity.
Ai zhink yiu jav a **vea**lid point ri**gar**ding **work**pleis flekse**bi**leri.

> [Sin duda, tu propuesta tiene sentido desde una perspectiva práctica.]
No doubt, your pro**po**sal makes sense from a **prac**tical pers**pec**tive.
Nou daut, yior pro**pou**zol meiks sens from a **prac**ticol pers**pek**tiv.

Desaprobación:

> [Me temo que ese enfoque no aborda la raíz del problema.]
I'm a**fraid** that a**pproach doe**sn't a**ddress** the root of the **i**ssue.
Aim a**freid** dat a**prouch da**zent a**dres** de ruut of di **i**shu.

> [No estoy seguro de que esa solución sea sostenible a largo plazo.]
I'm not sure that sol**u**tion is sus**tai**nable in the long term.
Aim not shuor dat so**lu**shen iz sus**tei**nebol in de long term.

> [Ese argumento es interesante, pero carece de evidencia concreta.]
That **ar**gument is **in**teresting, but lacks **con**crete **e**vidence.
Dat **ar**guiument iz **in**tresting, bat laks **con**criit **e**videns.

> [Tiendo a no estar de acuerdo con generalizaciones tan amplias.]
I tend to disa**gree** with such broad generali**za**tions.
Ai tend tu dise**grii** wizh sach brod yenerale**zei**shenz.

> [No estoy seguro de que eso resuelva el problema a largo plazo.]
I'm not sure **a**bout that **sol**ving the long - term **i**ssue.
Aim not shuor **a**baut dat **sol**ving de long - term **i**shu.

> [No estoy convencido de que esa sea la mejor estrategia a largo plazo.]
I'm not con**vinced** that's the best long - term **stra**tegy.
Aim not ken**vinst** dats de best long - term **stra**reyi.

> [Me temo que no estoy de acuerdo con la forma en que se abordó el problema.]
I'm **a**fraid i don't a**gree** with how the **i**ssue was **han**dled.
Aim **a**freid ai dount a**grii** wizh jau di **i**shu waz **jean**dold.

> [Esa afirmación no es del todo precisa, según los datos que tengo.]
That **state**ment is not **en**tirely **a**ccurate, based on the **da**ta i have.
Dat **steit**ment iz not en**tai**erli **a**kiuret, beist on de **dei**ra ai jav.

> [Personalmente, no creo que eso funcione en todas las situaciones.]
Personally, i don't think that works in **e**very situ**a**tion.
Personali, ai dount zhink dat works in **e**vri situ**ei**shen.

> [Tiende a sonar bien en teoría, pero en la práctica es poco realista.]
It tends to sound good in **the**ory, but it's unrea**lis**tic in **prac**tice.
It tendz tu saund gud in **zhe**ori, bat its anria**lis**tik in **prac**tis.

➤ [No puedo apoyar esa idea sin más evidencia concreta.]
I can't **support** that **idea** wi**thout** more **con**crete **e**vidence.
Ai keant se**port** dat ai**dia** wi**zhaut** moor **con**criit **e**videns.

➤ [Eso no es necesariamente cierto si tomamos en cuenta el contexto actual.]
That's not nece**ss**arily true if we take the **cu**rrent **con**text **in**to a**ccount**.
Dats not nece**ser**li truu if wi teik de **co**rrent **con**text **in**tu a**kaunt**.

Introducción de opinión personal:

➤ [En mi opinión, deberíamos adoptar una estrategia más gradual.]
In my **o**pinion, we should a**dopt** a more **gra**dual **stra**tegy.
In mai **o**pinien, wi shud a**dopt** a moor **gra**yuol **stra**reyi.

➤ [Desde mi punto de vista, esa medida parece innecesariamente restrictiva.]
From my point of view, that **mea**sure seems unnece**ss**arily re**stric**tive.
From mai point of viu, dat **me**sher siimz annese**ser**eli re**strict**ev.

➤ [Creo que el enfoque actual necesita una revisión estructural.]
I be**lieve** the **cu**rrent a**pproach** needs **struc**tural re**vi**sion.
Ai bi**liiv** de **co**rrent a**prouch** niidz **strak**cherol re**vi**shen.

➤ [Hasta donde sé, no hay evidencia que respalde esa afirmación.]
As far as i know, there's no **e**vidence su**ppor**ting that claim.
Az faar az ai nou, derz nou **e**videns se**por**ding dat kleim.

➤ [Eso no es necesariamente cierto; los datos muestran lo contrario.]
That's not nece**ss**arily true; the **da**ta **ac**tually shows **o**therwise.
Dats not nece**ser**li truu; de **dei**ra **ak**shueli shouz **o**derwaiz.

> [En mi opinión, deberíamos enfocarnos en soluciones a largo plazo.]
In my opinion, we should focus on long - term solutions
In mai opinien, wi shud foukes on long - term solushenz.

> [Creo firmemente que el liderazgo debe dar el ejemplo con acciones, no palabras.]
I firmly believe leadership should lead by actions, not words.
Ai firmlii biliiv liirership shud liid bai akshenz, not wordz.

> [Considero que el problema principal no ha sido debidamente abordado.]
I consider that the main issue has not been properly addressed.
Ai kensirer dat de mein ishu jaz not biin properli adrest.

> [Según mi experiencia, este tipo de proyectos requieren una planificación más cuidadosa.]
Based on my experience, these kinds of projects require more careful planning.
Beist on mai ekspiriens, diz kaindz of proyects ricuaier moor kerful pleaning.

> [Para mí, la propuesta carece de una estructura clara.]
To me, the proposal lacks a clear structure.
Tu mi, de propouzol laks a clier strakcher.

HABLAR DE EXPECTATIVAS Y POSIBILIDADES

En este tema se habla acerca de expresar lo que se espera que ocurra, así como posibilidades, probabilidad y predicciones. Se utilizan expresiones modales y construcciones como: **I'm supposed to, It's likely that, There's a chance, bound to, expected to, might, could, supposed to, entre otras.**

Estas frases permiten comunicar planes esperados, reglas, predicciones con distintos grados de certeza o escenarios alternativos, tanto en contextos formales como informales.

Fórmulas para construir oraciones

Para expresar expectativas (lo que se espera que ocurra):

Sujeto + am/is/are supposed to + verbo base

Ejemplo: [Se supone que debo entregar el informe el viernes.]
I'm su**pposed** to sub**mit** the re**port** by **fri**day.
Aim se**pouzd** tu seb**mit** de ri**port** bai **frai**dei.

Sujeto + am/is/are expected to + verbo base

Ejemplo: [Se espera que ella dirija la próxima reunión.]
She is ex**pec**ted to lead the next **mee**ting.
Shi iz ek**spec**ted tu liid de nekst **mii**ring.

Sujeto + be bound to + verbo base

Ejemplo: [Tarde o temprano, notarán el error.]
They're bound to **no**tice the **error soo**ner or **la**ter.
Der baund tu **nou**ris di **error suu**ner or **lei**rer.

Para expresar posibilidades (probabilidad baja, media o alta):

It's likely that + sujeto + verbo

Ejemplo: [Es probable que suframos retrasos.]
It's **li**kely that we'll face de**lays**.
Its **lai**kli dat wil feis di**leiz**.

There's a chance that + sujeto + verbo

Ejemplo: [Existe la posibilidad de que no se presente.]
There's a chance that he won't show up.
Derz a cheans dat ji wount shou ap.

Sujeto + might / could + verbo base

Ejemplo: [Podríamos obtener la aprobación la semana que viene.]
We might get **appro**val by next week.
Wi mait guet **apru**vol bai nekst wiik.

Sujeto + is/are likely to + verbo base

Ejemplo: [Es probable que el evento se cancele.]
The **event** is **li**kely to be **can**celled.
Di **event** iz **lai**kli tu bi **kean**sold.

Ejemplos:

Expectativas:

➤ [Se supone que debo entregar el proyecto antes del viernes.]
I'm **su**pp**o**sed to sub**mit** the **pro**ject be**fore fri**day.
Aim se**pouzd** tu seb**mit** de **pro**yect bi**foor frai**dei.

➤ [Se espera que el equipo termine la tarea sin supervisión.]
The team is ex**pec**ted to com**plete** the task wi**thout** super**vis**ion.
De tiim iz ek**spec**ted tu com**pliit** de task wi**zhaut** super**vi**shen.

➤ [Estamos destinados a encontrar una solución eventualmente.]
We're bound to find a so**lu**tion **even**tually.
Wir baund tu faind a **solu**shen **even**choali.

➤ [Estoy supuesto a llegar antes que los invitados.]
I'm **su**pp**o**sed to a**rrive** be**fore** the guests.
Aim se**pouzd** tu a**rraiv** bi**foor** de guests.

➤ [Se espera que ella hable durante la conferencia de apertura.]
She's ex**pec**ted to speak **du**ring the **o**pening **con**ference.
Shiz ek**spec**ted tu spiik **du**ring di **ou**pening **con**frens.

➤ [Estamos destinados a obtener buenos resultados con esta estrategia.]
We're bound to get good re**sults** with this **stra**tegy.
Wir baund tu guet gud ri**solts** wizh dis **stra**reyi.

➤ [El nuevo software se espera que mejore la productividad.]
The new **soft**ware is ex**pec**ted to im**prove** produc**ti**vity.
De niu **soft**wer iz ek**spec**ted tu im**pruuv** proudac**ti**veri.

➤ [No se supone que usemos nuestros teléfonos en la sala.]
We're not **su**pp**o**sed to use **our** phones in the room.
Wir not se**pouzd** tu yiuz **au**er founz in de rum.

> [El informe final está supuesto a estar listo esta tarde.]
The **final** re**port** is su**pposed** to be **rea**dy this after**noon**.
De **fainol** ri**port** iz se**pouzd** tu bi **re**di dis after**nun**.

> [El equipo está supuesto a enviar una actualización semanal.]
The team is su**pposed** to send a **wee**kly **up**date.
De tiim iz se**pouzd** tu send a **wii**kli **ap**deit.

Posibilidades:

> [Es probable que llueva durante el evento.]
It's **like**ly that it will rain **du**ring the e**vent**.
Its **lai**kli dat it wil rein **du**ring di e**vent**.

> [Podríamos recibir noticias antes del fin de semana.]
We might hear back be**fore** the **wee**kend.
Wi mait jier bak bi**foor** de **wii**kend.

> [Hay una posibilidad de que cancele su participación.]
There's a chance that she'll **can**cel her partici**pa**tion.
Derz a cheans dat shil **kean**sol jer partisi**pei**shen.

> [Podría haber retrasos debido al clima.]
There could be de**lays** due to the **wea**ther.
Der cud bi di**leiz** du tu de **we**der.

> [Es probable que la reunión se posponga otra vez.]
The **mee**ting is **like**ly to be post**poned** a**gain**.
De **mii**ring iz **lai**kli tu bi poust**pound** a**guen**.

> [Hay una posibilidad de que rechacen la propuesta.]
There's a chance they might re**ject** the pro**po**sal.
Derz a cheans dei mait ri**yect** de pro**pou**zol.

➤ [Es probable que la junta dure más de lo planeado.]
It's **likely** that the **mee**ting will last **lon**ger than ex**pec**ted.
Its **lai**kli dat de **mii**ring wil last **lon**guer dean ek**spec**ted.

➤ [Podría haber una solución que no hemos considerado aún.]
There might be a **solu**tion we **ha**ven't con**si**dered yet.
Der mait bi a **solu**shen wi **ja**vent ken**si**derd yiet.

➤ [Hay una posibilidad de que el proyecto se retrase nuevamente.]
There's a chance the **pro**ject might be de**layed again**.
Derz a cheans de **pro**yect mait bi di**leid aguen**.

➤ [El proveedor podría cancelar a último momento.]
The su**ppli**er could **can**cel at the last **mi**nute.
De se**pla**ier cud **kean**sol at de last **mi**net.

➤ [Es probable que aumenten los precios el próximo mes.]
It's **likely** that **pri**ces will in**crease** next month.
Its **lai**kli dat **prai**sez wil **in**criis nekst manzh.

➤ [Podríamos necesitar apoyo externo para esta etapa.]
We might need ex**ter**nal su**pport** for this stage.
Wi mait niid ek**ster**nol se**port** for dis steich.

➤ [Hay una posibilidad de que se nieguen a firmar el contrato.]
There's a chance they'll re**fuse** to sign the **con**tract.
Derz a cheans deil re**fiuz** tu sain de **con**tract.

➤ [Podría surgir un conflicto de horarios con el cliente.]
There could be a **sche**duling **con**flict with the **cli**ent.
Der cud bi a **ske**chuling **con**flict wizh de **cla**ient.

> [Es probable que el evento tenga más asistentes de lo esperado.]
The **event** is **li**kely to have more atten**dees** than ex**pec**ted.
Di **event** iz **lai**kli tu jav moor aten**diz** dean ek**spec**ted.

Frases con más matiz:

> [Se supone que no revelemos esa información sin autorización.]
We're not su**pposed** to dis**close** that infor**ma**tion wi**thout** appro**v**al.
Wir not se**pouzd** tu dis**clouz** dat infor**meishen** wi**zhaut** a**pru**vol.

> [Es probable que el mercado cambie drásticamente el próximo trimestre.]
It's **li**kely that the **mar**ket will shift drama**ti**cally next **quar**ter.
Its **lai**kli dat de **mar**ket wil shift drama**earekli** nekst **cuo**rer.

> [Podría ser necesario reconsiderar la estrategia actual.]
It might be **ne**cessary to recon**si**der the **cu**rrent **stra**tegy.
It mait bi **ne**ceseri tu riken**si**der de **co**rrent **stra**reyi.

> [Estamos destinados a enfrentar desafíos inesperados en esta fase del proyecto.]
We're bound to face unex**pec**ted **cha**llenges in this stage of the **pro**ject.
Wir baund tu feis anex**pec**ted **chea**lenyez in dis steich of de **pro**yect.

> [Se supone que el equipo de diseño revise cada detalle antes del lanzamiento.]
The de**sign** team is su**pposed** to re**view** **e**very **de**tail be**fore** the launch.
De de**zain** tiim iz se**pouzd** tu ri**viu** **e**vri **dii**teil bi**foor** de loonch.

> [Es probable que la situación evolucione de forma distinta a lo previsto inicialmente.]

It's **li**kely that the situation will **e**volve **di**fferently than **i**nitially ex**pec**ted.

Its **lai**kli dat de sit**uei**shen wil **i**volv **di**ferentli dean **i**nishiali ek**spec**ted.

> [Podría ser necesario adaptar el plan si cambian las condiciones externas.]

It might be **ne**cessary to a**dapt** the plan if ex**ter**nal con**di**tions change.

It mait bi **ne**ceseri tu a**dapt** de plean if ek**ster**nol ken**di**shenz cheinch.

> [Se espera que los nuevos lineamientos entren en vigor el próximo trimestre.]

The new **gui**delines are ex**pec**ted to come **in**to e**ffect** next **quar**ter.

De niu **gaid**lainz ar ek**spec**ted tu cam **in**tu e**fect** nekst **cuo**rer.

> [Podría resultar beneficioso posponer la reunión hasta tener todos los datos.]

It could be bene**fi**cial to post**pone** the **mee**ting un**til** all **da**ta is a**vai**lable.

It cud bi bene**fi**shol tu poust**poun** de **mii**ring an**til** ol **dei**ra iz a**ve**labol.

EXPRESIONES DE PROBABILIDAD Y DEDUCCIÓN

En este nivel, los estudiantes aprenden a hacer suposiciones, deducciones o inferencias lógicas sobre situaciones presentes y pasadas, usando expresiones con modales de deducción como:

- Must have → Certeza o alta probabilidad
- Might / May (have) → Posibilidad
- Can't / Couldn't (have) →Certeza negativa o imposibilidad
- Could (have) → Posibilidad real pero incierta

Este lenguaje permite expresar certeza o duda con más precisión, especialmente al analizar situaciones, resolver problemas, interpretar evidencia o comentar decisiones pasadas.

Fórmulas base para expresar probabilidad, improbabilidad y deducción:

Categoría	Tiempo	Fórmula	Ejemplo
Probabilidad / Certeza lógica	Presente	Sujeto + must + verbo base / be + complemento	[Debe de estar cansado.] He must be tired. Ji mast bi taierd.

		Pasado	Sujeto + must have + participio pasado	[Debió de olvidar el archivo.] She must have for**go**tten the file. Shi mast jav for**ga**ren de fail.
Probabilidad media, baja / Incertidumbre	Presente	Sujeto + might / may / could + verbo base / be + complemento	[Podría estar en una llamada.] He might be on a call. Ji mait bi on a col.
	Pasado	Sujeto + might / may / could have + participio pasado	[Puede que se haya perdido.] He might have **go**tten lost. Ji mait jav **ga**tn lost.
Deducción (general)	Presente	Sujeto + must / might / may / can't / could + be + comp.	[Debe de estar agotada.] She must be ex**haus**ted. Shi mast bi eg**zos**ted.
	Pasado	Sujeto + must / might / may / can't / could have + p. p.	[Debieron de salir ya.] They must have left al**re**ady. Dei mast jav left ol**rre**di.
Improbabilidad / Certeza negativa	Presente	Sujeto + can't / couldn't + verbo base / be + complemento	[No puede estar enfermo.] He can't be sick Ji keant bi sick

| Pasado | Sujeto + can't / couldn't have + participio pasado | [No pudo haber dicho eso.] She can't have said that. Shi keant jav sed dat. |

Ejemplos

Certeza (alta probabilidad):

> [Debieron de salir antes de que llegáramos.]
> They must have left be**fore** we **arr**ived.
> Dei mast jav left bi**foor** wi **arr**aivd.

> [Debe de haber sido una decisión difícil para él.]
> It must have been a tough de**ci**sion for him.
> It mast jav biin a taf de**si**shen for jim.

> [Debe de estar en una reunión, su línea está ocupada.]
> She must be in a **mee**ting; her line is **bu**sy.
> Shi mast bi in a **mii**ring; jer lain iz **bi**zi.

> [Debieron de cometer un error al procesar el pago.]
> They must have made a mi**stake pro**cessing the **pay**ment.
> Dei mast jav meid a mi**steik pro**sesing de **pei**ment.

> [Él debe de ser el nuevo jefe, todos lo saludan con respeto.]
> He must be the new **ma**nager; **e**veryone greets him with res**pect**.
> Ji mast bi de niu **mea**nayer; **e**vriwan grits jim wizh ris**pect**.

> [Debió de dejar su cartera en casa.]
> She must have left her **wa**llet at home.
> Shi mast jav left jer **wa**let at joum.

Expresiones para deducción / probabilidad:

➢ [Hay muchas posibilidades de que acepten el trato.]
There's a good chance that they'll ac**cept** the deal.
Derz a gud cheans dat deil ak**sept** de diel.

➢ [Es poco probable que llegue a tiempo con este tráfico.]
It seems un**like**ly that he'll **arrive** on time with this **traf**fic.
It siimz an**lai**kli dat jil **arraiv** on taim wizh dis **trea**fik.

➢ [Parece que olvidaron el archivo adjunto.]
It looks like they for**got** the **attach**ment.
It luks laik dei for**gat** di a**tach**ment.

➢ [Al parecer, cancelaron el evento sin aviso.]
A**ppa**rently, they **can**celed the **event** wi**thout no**tice.
A**pe**rentli, dei **kean**sold di **event** wi**zhaut nou**ris.

➢ [Parece probable que ella consiga el ascenso.]
It seems **like**ly that she'll get the pro**mo**tion.
It siimz **lai**kli dat shil guet de pro**mou**shen.

➢ [Al parecer, no habrá transporte público mañana.]
A**ppa**rently, there won't be **an**y **pub**lic **trans**port to**mo**rrow.
A**pe**rentli, der wount bi **eni pa**blik **trean**sport tu**mo**rrou.

➢ [Se supone que ya firmaron el contrato.]
Su**ppo**sedly, they've al**rea**dy signed the **con**tract.
Se**pou**zedli, deiv ol**rre**di saind de **con**tract.

➢ [Hasta donde sé, todo va según lo planeado.]
As far as i can tell, **ev**erything is **go**ing as planned.
Az faar az ai kean tel, **ev**rizhing iz **gou**ing az pleand.

➢ [Parece que hubo un malentendido con las fechas.]
It a**ppears** that there was a misunder**stan**ding with the dates.
It a**pierz** dat der waz a misander**stean**ding wizh de deits.

> [Parece que se rompió la impresora otra vez.]
It looks like the **prin**ter broke down a**gain**.
It luks laik de **prin**ter brouk daun a**guen**.

> [Lo más probable es que lleguen tarde otra vez.]
Chances are that they'll be late a**gain**.
Cheancez ar dat deil bi leit a**guen**.

> [Puede que esté trabajando desde casa hoy.]
He may be **wor**king from home to**day**.
Ji mei bi **wor**king from joum tu**dei**.

> [Podría ser una buena opción, pero no estoy seguro.]
It could be a good **op**tion, but i'm not sure.
It cud bi a gud **op**shen, bat aim not shuor.

> [Podría haber olvidado apagar su micrófono.]
He could have for**got**ten to mute his mic.
Ji cud jav for**ga**ren tu miut jiz maik.

> [Puede que la respuesta esté en el manual.]
The **ans**wer might be in the **ma**nual.
Di **ean**ser mait bi in de **me**niuol.

> [Podría estar descansando en su oficina.]
She could be **res**ting in her **of**fice.
Shi cud bi **res**ting in jer **of**is.

> [Podría haber cancelado la reunión sin avisar.]
He might have **can**celed the **mee**ting wi**thout no**tice.
Ji mait jav **kean**sold de **mii**ring wi**zhaut nou**ris.

➤ [Probablemente acepten la propuesta si hacemos cambios menores.]
Odds are that they'll ac**cept** the pro**po**sal if we make **mi**nor
changes.
Aadz ar dat deil ak**sept** de pro**pou**zol if wi meik **mai**nor
cheinyez.

➤ [Puede que ellos hayan tomado otro camino.]
They may have **ta**ken a **di**fferent route.
Dei mei jav **tei**ken a **di**frent raut.

➤ [Es posible que el retraso sea por causas técnicas.]
It's **po**ssible that the de**lay** is due to **tec**hnical **rea**sons.
Its **pa**sebol dat de di**lei** iz du tu **tec**nicol **rii**zenz.

Imposibilidad:

➤ [Esa no puede ser su firma, es muy diferente.]
That can't be his **sig**nature, it's too **di**fferent.
Dat keant bi jiz **sig**nacher, its tuu **di**frent.

➤ [Parece poco probable que el plan funcione sin cambios.]
It seems un**lai**kli that the plan will work wi**thout** ad**just**ments.
It siimz an**lai**kli dat de plean wil work wi**zhaut** a**yast**ments.

➤ [No puede estar lloviendo, el cielo está despejado.]
It can't be **rai**ning, the sky is clear.
It keant bi **rein**ing, de skai iz clier.

➤ [No pudo haber terminado el proyecto en una noche.]
He can't have **fi**nished the **pro**ject over**night**.
Ji keant jav **fi**nisht de **pro**yect ouver**nait**.

➤ [No puede haberlo hecho sola sin ayuda.]
She **coul**dn't have done it a**lone** wi**thout** help.
Shi **cu**dent jav dan it a**loun** wi**zhaut** jelp.

> [No pudo haber olvidado su propio cumpleaños.]
He can't have forgotten his own **birth**day.
Ji keant jav for**ga**ren jiz oun **berzh**dei.

> [Ella no puede estar en Londres, la vi esta mañana aquí.]
She can't be in **Lon**don, i saw her this **mor**ning.
Shi keant bi in **lon**den, ai soo jer dis **mor**ning.

> [No puede haber escrito ese informe tan rápido.]
He can't have **wri**tten that re**port** so **quic**kly.
Ji keant jav **wri**ten dat ri**port** sou **cui**kli.

> [No pudieron haber salido sin sus pasaportes.]
They **coul**dn't have left wi**thout** their **pass**ports.
Dei **cu**dent jav left wi**zhaut** der **pas**ports.

> [Él no puede estar enfermo, lo vi correr hace una hora.]
He can't be sick, i saw him **jo**gging an **ho**ur a**go**.
Ji keant bi sick, ai soo jim **ya**guing an **auer** a**gou**.

> [No puede haberlo hecho intencionalmente.]
She can't have done it on **pur**pose.
Shi keant jav dan it on **per**pes.

> [Es imposible que él haya terminado en tan poco tiempo.]
It's im**po**ssible that he **fi**nished in such a short time.
Its im**pa**sebol dat ji **fi**nisht in sach a shoort taim.

EXPRESIONES IDIOMÁTICAS Y COLOCACIONES COMUNES

Reconocer y usar expresiones idiomáticas y colocaciones comunes mejora la comprensión auditiva y la fluidez oral y escrita.

Mientras que las **colocaciones** (collocations) son **combinaciones de palabras** que se **usan** comúnmente **juntas**, como: make a decision, strong coffee, high risk. Las **expresiones idiomáticas** (idioms) **son frases fijas** que **no** siempre **tienen un significado literal** y requieren interpretación contextual, como: break the ice, under the weather.

Aprender estos elementos permite sonar más auténtico y natural, además de comunicarse con mayor precisión, fluidez y ayudar a entender mejor las conversaciones, contextos cotidianos, profesionales y culturales.

Fórmulas útiles para el uso de Collocations e Idioms:

Las collocations siguen combinaciones naturales y no siempre tienen una "regla gramatical" estricta, pero sí se pueden clasificar por tipo:

Tipo de colocación	Estructura	Ejemplo en contexto real
Verbo + sustantivo	Make / take / catch / give + sustantivo	[Ella decidió cambiar de carrera.] She made a decision to change careers. Shi meid a desishen tu cheinch kerrierz.
Adjetivo + sustantivo	Strong / heavy / deep / high + noun	[Estuvimos atrapados en un tráfico pesado durante horas.] We were stuck in heavy traffic for hours. Wi wer stak in jevi treafik for auerz.
Sustantivo + sustantivo	Noun + noun	[Me encanta el olor a café.] I love the smell of coffee beans. Ai lov de smel of cofi biinz.
Verbo + expresión fija	Break / raise / lose / pay + obj.	[Ellos quieren crear conciencia sobre la seguridad.] They want to raise awareness about safety. Dei want tu reiz awernes abaut seifti.

Los idioms se suelen usar como parte de una oración completa o como respuesta expresiva. Algunos se integran al verbo principal, otros funcionan como comentarios o énfasis:

Tipo	Fórmula	Ejemplo en contexto real
Parte de la acción principal	Sujeto + verbo + idiom	[Rompió el hielo con una broma.] He broke the ice with a joke. Ji brouk di ais wizh a youk.
Comentario independiente	Idiom solo como frase idiomática	[Bueno, ahora te toca a ti Well, the ball is in your court now. Wel, de bol iz in yior cort nau.
Modificador	Idiom como parte de la explicación	[No hay mal que por bien no venga.] It was a blessing in disguise. It waz a blesing in disgaiz.

Ejemplos

Collocations:

➢ [Tomó una decisión difícil sobre su futuro.]
She made a tough decision about her future.
Shi meid a taf desishen abaut jer fiucher.

➢ [Asumió la responsabilidad por el error del equipo.]
He took responsibility for the team's mistake.
Ji tuk risponsebiliri for de tiimz misteik.

➢ [Estamos progresando rápidamente en el proyecto.]
We're making fast progress on the project.
Wir meiking fast progres on de proyect.

➢ [Necesitamos generar conciencia sobre los riesgos.]
We need to raise awareness about the risks.
Wi niid tu reiz awernes abaut de risks.

KNINGLÉS – NIVEL INTERMEDIO B2

➤ [Este producto está altamente recomendado por los expertos.]
This **product** is **high**ly re**commen**ded by **ex**perts.
Dis **pro**ract iz **jai**li re**comen**ded bai **ek**sperts.

➤ [Amo el olor del café por la mañana.]
I love the smell of strong **cof**fee in the **mor**ning.
Ai lov de smel of strong **co**fi in de **mor**ning.

➤ [Ella enfrenta presión constante en su nuevo puesto.]
She **fac**es **con**stant **pres**sure in her new role.
Shi **feis**ez **con**stant **pres**her in jer niu rool.

➤ [Firmaron un acuerdo mutuo de confidencialidad.]
They signed a **mu**tual **agree**ment of confidentiality.
Dei saind a **miu**chuol **agrii**ment of confidenshialiri.

➤ [Tuvieron un acalorado debate sobre política.]
They had a **hea**ted de**bate about po**litics.
Dei jad a **jii**red di**beit abaut po**litiks.

➤ [Necesitamos encontrar una solución práctica pronto.]
We need to find a **prac**tical **solu**tion soon.
Wi niid tu faind a **prac**ticol **solu**shen suun.

➤ [Disfrutó una mejora notable en su salud.]
She ex**pe**rienced a **no**ticeable im**prove**ment in her health.
Shi ek**spi**rienst a **nou**risebol im**pruuv**ment in jer jelzh.

➤ [Este plan conlleva un alto riesgo financiero.]
This plan in**volves** a high fi**nan**cial risk.
Dis plean in**volvz** a jai fai**nean**shol risk.

➤ [Lograron un avance significativo en el proyecto.]
They made a sig**ni**ficant **break**through in the **pro**ject.
Dei meid a sig**ni**fikent **breik**zhruu in de **pro**yect.

➢ [Recibió una crítica positiva del supervisor.]
He re**ceived po**sitive **feed**back from the **su**pervisor.
Ji ri**siivt po**siriv **fiid**bak from de **su**pervaiser.

➢ [Tomó una postura firme durante la reunión.]
She took a firm stance **du**ring the **mee**ting.
Shi tuk a ferm steans **du**ring de **mii**ring.

➢ [Hubo un aumento gradual en la demanda.]
There was a **gra**dual **in**crease in de**mand**.
Der waz a **gra**yuol **in**criis in de**meand**.

Idioms:

➢ [Contó un chiste para romper el hielo al inicio de la reunión.]
He told a joke to break the ice at the start of the **mee**ting.
Ji tould a youk tu breik di ais at de start of de **mii**ring.

➢ [Hoy me siento un poco mal, creo que estoy enfermo.]
I'm **fee**ling **un**der the **wea**ther to**day**.
Aim **fii**ling **an**der de **we**der tu**dei**.

➢ [Ella decidió aguantar y afrontar la situación.]
She de**ci**ded to bite the **bu**llet and face the situation.
Shi di**sai**red tu bait de **bu**let eand feis de situ**ei**shen.

➢ [Ese coche cuesta una fortuna.] (Cuesta un ojo de la cara)
That car costs an arm and a leg.
Dat car costs an arm eand a leg.

➢ [Diste en el clavo con tu observación.]
You hit the nail on the head with your **co**mment.
Yiu jit de neil on de jed wizh yior **co**ment.

➢ [Reveló el secreto sin querer.]
He let the cat out of the bag accidentally.
Ji let de keat aut of de beag aksidenteli.

➢ [Solo viajan de vez en cuando.]
They **tra**vel once in a blue moon.
Dei **tra**vol wans in a blu muun.

➢ [Ahora te toca decidir a ti.] (La pelota está en tu tejado)
The ball is in your court now.
De bol iz in yior cort nau.

➢ [Trabajó hasta tarde para terminar el informe.] (Quemarse las pestañas)
He burned the **mid**night oil to **fi**nish the re**port**.
Ji bernd de **mid**nait oil tu **fi**nish de ri**port**.

➢ [Perder el trabajo fue una bendición disfrazada.] (No hay mal que por bien no venga)
Losing that job was a **ble**ssing in dis**guise**.
Luzing dat yaab waz a **ble**sing in dis**gaiz**.

➢ [Estás caminando por la cuerda floja.] (Estás en una situación peligrosa)
You're **wa**lking on thin ice.
Yiuor **wo**king on zhin ais.

➢ [No me engañes.] (No me tomes el pelo)
Don't pull my leg.
Dount pul mai leg.

➤ [Estoy entre la espada y la pared.] (Sin buenas opciones)
I'm be**ween** a rock and a hard place.
Aim bi**tuiin** a rok eand a jard pleis.

➤ [Eso fue el colmo.]
That was the last straw.
Dat waz de last straa.

➤ [No quiero darle vueltas al asunto.] (Ir directo al punto)
I don't want to beat a**round** the bush.
Ai dount want tu biit a**rraund** de bush.

➤ [Él no está en su mejor momento.] (No está rindiendo como de costumbre)
He's off his game to**day**.
Jiz of jiz gueim tu**dei**.

➤ [Me dejó sin palabras.] (Me impresionó mucho)
It blew me **away**.
It blu mi **awei**.

➤ [Lo echó todo a perder al final.]
He dropped the ball at the end.
Ji droopt de bol at di end.

➤ [Ese negocio suena sospechoso.] (Eso suena raro)
That deal smells **fi**shy.
Dat diel smelz **fi**shi.

➤ [Ella siempre dice exactamente lo que piensa.]
She speaks her mind.
Shi spiiks jer maind.

USO DE PHRASAL VERBS EN CONTEXTO

Los phrasal verbs son **combinaciones de un verbo con una o más partículas** (**preposición o adverbio**) que cambian o enriquecen el significado original del verbo. Usarlos correctamente permite expresarse de forma más natural, especialmente en contextos informales o cotidianos. En esta sección, exploraremos phrasal verbs comunes organizados por temas relevantes, con ejemplos reales y estructuras típicas.

Fórmulas comunes:

Verbo + partícula (preposición o adverbio) = Phrasal Verb

Ejemplos:

[Encender]	[Cuidar de]	[Recuperarse de]
Turn on	Look after	Get over
Tern on	Luk after	Guet ouver

[Persona / Sujeto] + [Phrasal Verb] + [Complemento]

Ejemplos:
➢ [Ella contestó el teléfono.]
She picked up the phone.
Shi pikt ap de foun.

➢ [Nos encontramos con una vieja amiga.]
We ran into an old friend.
Wi rean intu an old frend.

Ejemplos

Conversaciones cotidianas:

➢ **Bring up** [Mencionar un tema]
[Ella sacó el tema durante la cena.]
She brought up the **to**pic **du**ring **di**nner.
Shi brot ap de **to**pik **du**ring **di**ner.

➢ **Run into** [Encontrarse por casualidad]
[Me encontré con ella en el supermercado.]
I ran **in**to her at the **su**permarket.
Ai rean **in**tu jer at de **su**permarket.

➢ **Catch up** [Ponerse al día]
[Pongámonos al día con un café esta semana.]
Let's catch up **ou**ver **co**ffee this week.
Lets keach ap **ou**ver **co**fi dis wiik.

➢ **Hang out** [Pasar el rato]
[Solemos pasar el rato en el parque.]
We **u**sually hang out at the park.
Wi **yiu**shuali jeng aut at de park.

➢ **Get along** [Llevarse bien]
[Se llevan sorprendentemente bien a pesar de sus diferencias.]
They get **along** sur**pri**singly well des**pite** their **di**fferences.
Dei guet **along** sur**prai**zengli wel dis**pait** der **di**frensez.

➢ **Drop by** [Pasar sin avisar / visitar brevemente]
[Pasaré más tarde para devolverte tu libro.]
I'll drop by **la**ter to re**turn** your book.
Ail droop bai **lei**rer tu ri**tern** yior buk.

➤ **Speak up** [Hablar más fuerte / con franqueza]
[Por favor, habla más fuerte, no te escucho.]
Please speak **lou**der, i can't hear you.
Pliiz spiik **lau**der, ai keant jier yiu.

➤ **Back off** [Alejarse / dejar en paz]
[Él se alejó cuando ella se enojó.]
He walked **a**way when she got **an**gry.
Ji wokt **awei** wen shi gat **en**gri.

➤ **Come across** [Encontrarse por casualidad]
[Me encontré con unas fotos viejas ayer.]
I came **across** some old **pho**tos **yes**terday.
Ai keim **acroos** sam old **fo**rouz **yies**terdei.

➤ **Look after** [Cuidar]
[Ella cuida a su hermano menor.]
She takes care of her **youn**ger **bro**ther.
Shi teiks ker of jer **yian**guer **bra**der.

➤ **Run into** [Encontrarse con alguien por casualidad]
[Me encontré con mi viejo profesor en el centro.]
I ran **in**to my old **tea**cher down**town**.
Ai rean **in**tu mai old **tii**cher daun**taun**.

➤ **Turn out** [Resultar / terminar siendo]
[El evento resultó mejor de lo esperado.]
The **e**vent turned out **be**tter than ex**pec**ted.
Di **e**vent ternd aut **be**rer dean ek**spec**ted.

Trabajo / entorno profesional:

➤ **Take over** [Asumir el control / reemplazar]
[Ella asumió el proyecto la semana pasada.]
She took **o**ver the **pro**ject last week.
Shi tuk **ou**ver de **pro**yect last wiik.

> **Follow up (on)** [Dar seguimiento]
[¿Puedes dar seguimiento al correo?]
Can you follow up on the email?
Kean yiu folou ap on di imeil?

> **Carry out** [Realizar / ejecutar]
[Realizamos una encuesta a clientes la semana pasada.]
We conducted a customer survey last week.
Wi kendacted a castomer servei last wiik.

> **Cut down on** [Reducir]
[Necesitamos reducir gastos innecesarios.]
We need to cut down on unnecessary expenses.
Wi niid tu cat daun on anneceseri ekspensez.

> **Fill in (for)** [Reemplazar temporalmente]
[Estoy cubriendo por Ana mientras está fuera.]
I'm filling in for Ana while she's away.
Aim filing in for Ena waiel shiz awei.

> **Come up with** [Proponer / idear]
[Él propuso un nuevo diseño de logotipo.]
He proposed a new logo design.
Ji propouzd a niu lougou dezain.

> **Point out** [Señalar / destacar]
[Él señaló un error importante en el informe.]
He pointed out an important mistake in the report.
Ji pointed aut an important misteik in de riport.

> **Lay off** [Despedir por recorte]
[Tuvieron que despedir a varios trabajadores.]
They had to lay off several workers.
Dei jad tu lei of sevrol workerz.

➢ **Set up** [Configurar / establecer]
[Ella organizó una videollamada para el equipo.]
She set up a **vi**deo call for the team.
Shi set ap a **vi**riou col for de tiim.

➢ **Turn down** [Rechazar una oferta o petición]
[Él rechazó el ascenso.]
He turned down the pro**mo**tion.
Ji ternd daun de pro**mou**shen.

➢ **Work out** [Resolver / encontrar solución]
[Encontramos una solución al conflicto.]
We worked out a so**lu**tion to the **con**flict.
Wi workt aut a so**lu**shen tu de **con**flict.

Salud y bienestar:

➢ **Come down with** [Enfermarse]
[Creo que me estoy enfermando de gripe.]
I think i'm **co**ming down with the flu.
Ai zhink aim **ca**ming daun wizh de flu.

➢ **Pass out** [Desmayarse]
[Ella se desmayó por el cansancio.]
She passed out from e**xhaus**tion.
Shi past aut from eg**zas**chen.

➢ **Work out** [Hacer ejercicio]
[Trato de hacer ejercicio tres veces por semana.]
I try to work out three times a week.
Ai trai tu work aut zhrii taimz a wiik.

➢ **Worked out** [Resolverse]
[Al final todo se resolvió.]
Everything worked out in the end.
Evrizhing workt aut in di end.

> **Come round** [Recobrar la conciencia]
[Recobró la conciencia después del desmayo.]
He came round **af**ter **fain**ting.
Ji keim raund **af**ter **fein**ting.

> **Throw up** [Vomitar]
[El niño vomitó después de la cena.]
The child **vo**mited **af**ter **di**nner.
De chaield **vo**mired **af**ter **di**ner.

> **Get over** [Recuperarse / superar]
[Él se recuperó de la gripe rápidamente.]
He got **o**ver the flu **qui**ckly.
Ji gat **ou**ver de flu **cui**kli.

> **Look after** [Cuidar]
[Él cuida de su padre enfermo.]
He looks **af**ter his sick **fa**ther.
Ji luks **af**ter jiz sick **fa**der.

> **Cut back on** [Reducir consumo de algo]
[Estoy reduciendo el consumo de café.]
I'm **cu**tting down on **co**ffee con**sump**tion.
Aim **ca**ring daun on **co**fi ken**samp**shen.

> **Break out** [Aparecer, especialmente erupciones]
[Le salió una erupción.]
He broke out in a rash.
Ji brouk aut in a rash.

> **Check up on** [Revisar / controlar la salud]
[El doctor lo revisó.]
The **doc**tor checked up him.
De **dac**ter chekt ap jim.

➢ **Come around** [Recuperar la conciencia]
[Recobró el conocimiento después de desmayarse.]
He came **around** after **fain**ting.
Ji keim **arraund** after **fein**ting.

➢ **Put on** [Aumentar de peso]
[Subí de peso durante las vacaciones.]
I put on weight **du**ring the **ho**lidays.
Ai put on weit **du**ring de **jo**lideiz.

Viajes y desplazamientos:

➢ **Check in** [Registrarse en hotel o vuelo]
[Nos registramos dos horas antes de la salida.]
We checked in two **ho**urs be**fore** de**par**ture.
Wi chekt in tu **auerz** bi**foor** di**par**cher.

➢ **Check out** [Salir del hotel / pagar la cuenta]
[Salimos del hotel al mediodía.]
We checked out at noon.
Wi chekt aut at nuun.

➢ **Look around** [Explorar / mirar]
[Fuimos a explorar el centro histórico.]
We looked **around** the hi**sto**ric **cen**ter.
Wi lukt **arraund** de ji**sto**rik **cen**ter.

➢ **Get away** [Escaparse / tomarse un descanso]
[Necesitamos escaparnos el fin de semana.]
We need to get a**way** for the **wee**kend.
Wi niid tu guet a**wei** for de **wii**kend.

➢ **Hold up** [Retrasar]
[El tráfico nos retrasó una hora.]
Traffic held us up for an **hou**r.
Treafik jeld as ap for an **auer**.

➢ **Take off** [Despegar]
[El avión despegó a tiempo.]
The plane took off on time.
De plein tuk of on taim.

➢ **Set off** [Empezar un viaje]
[Salimos temprano por la mañana.]
We set off **ear**ly in the **mor**ning.
Wi set of **er**li in de **mor**ning.

➢ **Pick up** [Recoger a alguien o algo]
[Te recogeré en el hotel.]
I'll pick you up at the ho**tel**.
Ail pik yiu ap at de jou**tel**.

➢ **Get in** [Llegar]
[El tren llega a las 9 de la noche.]
The train gets in at nine pm.
De trein guets in at nain pi-em.

➢ **See off** [Despedir a alguien que viaja]
[Nos despidieron en el aeropuerto.]
They saw us off at the **air**port.
Dei soo as of at di **er**port.

➢ **Drop off** [Dejar a alguien en un lugar]
[Ella me dejó en la estación.]
She dropped me off at the **sta**tion.
Shi droopt mi of at de **stei**shen.

➢ **Get around** [Moverse por un lugar]
[Es fácil moverse por la ciudad en bicicleta.]
It's **ea**sy to get a**round** the **ci**ty by bike.
Its **iizi** tu guet a**rraund** de **ci**ri bai baik.

➢ **Hold up** [Retrasar]
[Nos retrasamos por el tráfico intenso.]
We were held up by **hea**vy **tra**ffic.
Wi wer jeld ap bai **je**vi **trea**fik.

MODIFICADORES PARA ENFATIZAR IDEAS

Los modificadores **intensifican** o atenúan el **significado de los adjetivos, verbos o adverbios que los acompañan.** Se utilizan para expresar con mayor precisión el grado de una emoción, estado o situación, aportando énfasis o matices más sutiles.

Algunos expresan certeza total (como absolutely o completely), otros añaden una idea de duda, sorpresa o cantidad leve (slightly, barely, rather). El uso correcto de estos intensificadores en contextos reales permite una comunicación más natural, expresiva y sofisticada.

Fórmulas de estructuras comunes:

Sujeto + verbo + modificador + adjetivo

Ejemplo: [Está encantadísima con el ascenso.]
She is abso**lut**ely thrilled **ab**out the pro**mot**ion.
Shi iz abso**lut**li zhrild **ab**aut de pro**mou**shen.

Sujeto + verbo + modificador + participio pasado

Ejemplo: [Quedaron completamente impactados por la noticia.]
They were com**plet**ely shocked by the news.
Dei wer com**plit**li shokt bai de nuuz.

Sujeto + verbo + modificador + verbo principal

Ejemplo: [Apenas pude coger el tren.]
I **bare**ly **ma**naged to catch the train.
Ai **ber**li **mea**nechd tu keach de trein.

Tabla de Modificadores por Tipo

Tipo de Modificador	Modificadores español	Modificadores Inglés
Muy intensos (énfasis total)	Absolutamente	Absolutely
	Totalmente,	Totally
	Completamente	Completely
	Perfectamente	Perfectly
Intensidad alta	Extremadamente	Extremely
	Altamente	Highly
	Profundamente	Deeply
	Severamente	Severely
	Fuertemente	Strongly
Moderados	Bastante	Quite
	Visiblemente	Noticeably
	Relativamente	Relatively
	Considerablemente	Considerably
Leves / Suaves	Ligeramente	Slightly
	Un poco	A bit
	Algo	Somewhat
	Levemente	Mildly

Negativos o restrictivos	Apenas	Barely
	Dificilemnte	Hardly
	Casi no	Scarcely
	Raramente	Seldom
Frecuencia / Tiempo	Constantemente	Constantly
	Regularmente	Regularly
	Ocasionalmente	Occasionally
	Raramente	Rarely
Cualidad emocional o actitud	Sinceramente	Sincerely
	Honestamente	Honestly
	Claramente	Clearly
	Profundamente	Deeply

Ejemplos

➢ **Absolutely** [Absolutamente]
[Estaba absolutamente segura de haber dejado las llaves en la mesa.]
She was absolutely sure she had left the keys on the table.
Shi waz absolutli shuor shi jad left de kiiz on de teibol.

➢ **Completely** [Completamente]
[Las instrucciones fueron completamente malentendidas, lo que causó serios retrasos.]
The instructions were completely misunderstood, leading to serious delays.
Di instrakshenz wer complitli misanderstud, liiding tu siries dileiz.

KNINGLÉS – NIVEL INTERMEDIO B2

> **Slightly** [Ligeramente]

[Su estado de ánimo mejoró ligeramente tras recibir la buena noticia.]
Her mood was **slight**ly **be**tter **af**ter re**cei**ving the good news.
Jer muud waz **slait**li **be**rer **af**ter ri**sii**ving de gud nuuz.

> **Barely** [Apenas]

[Apenas lograron salir de la tormenta sin daños.]
They **bare**ly made it through the storm wi**thout da**mage.
Dei **ber**li meid it zhruu de storm wi**zhaut dea**mech.

> **Rather** [Bastante, más bien]

[Su explicación fue bastante confusa, a pesar de sus esfuerzos por aclarar.]
His expla**na**tion was **ra**ther con**fu**sing, des**pite** his **e**fforts to **cla**rify.
Jiz ekspl**enei**shen waz **ra**der ken**fiu**zing, dis**pait** jiz **e**forts tu **kle**refai.

> **Totally** [Totalmente]

[Estaban totalmente en contra de la nueva política.]
They were **to**tally a**gainst** the new **po**licy.
Dei wer **tou**reli a**guenst** de niu **po**lesi.

> **Highly** [Altamente, muy]

[La vacuna fue altamente efectiva contra varias cepas del virus.]
The vac**cine** was **high**ly e**ffec**tive a**gainst mul**tiple strains of the **vi**rus.
De vak**siin** waz **jai**li e**fec**tiv a**guenst mol**tepol streinz of de **vai**res.

> **Extremely** [Extremadamente]

[Es extremadamente hábil negociando bajo presión.]
He's ex**trem**ely skilled at nego**ti**ating **un**der **pre**ssure.
Jiz ek**striim**li skilt at ne**gou**shieiring **an**der **pre**sher.

> **Utterly** [Completamente, totalmente]
[La idea era completamente impráctica desde el inicio.]
The **i**dea was **utt**erly im**prac**tical from the start.
Di ai**di**a waz a**re**rli im**prak**tecol from de start.

> **Nearly** [Casi]
[Casi perdemos el último tren por el tráfico.]
We **near**ly missed the last train due to **tra**ffic.
Wi **nier**li mist de last trein du tu **trea**fik.

> **Virtually** [Prácticamente]
[La sala estaba prácticamente vacía a pesar del anuncio.]
The room was **vir**tually **emp**ty des**pite** the a**nnoun**cement.
De rum waz **ver**chueli **emp**ti dis**pait** di a**nauns**ment.

> **Noticeably** [Notablemente]
[Se veía notablemente cansada tras el viaje.]
She looked **no**ticeably **ti**red after the trip.
Shi lukt **nou**risibli **tai**erd after de trip.

> **Incredibly** [Increíblemente]
[Fue increíblemente amable de tu parte, considerando la situación.]
That was in**cre**dibly kind of you, con**si**dering the situ**a**tion.
Dat waz in**cre**rebli kaind of yiu, ken**si**dering de situ**ei**shen.

> **Fairly** [Bastante]
[Está bastante seguro de pasar la entrevista.]
He's **fair**ly **con**fident **a**bout **pa**ssing the **in**terview.
Jiz **fer**li **con**fident a**baut** pa**s**ing di **in**terviu.

> **Unusually** [Inusualmente]
[Está inusualmente tranquilo en la oficina hoy.]
It's **un**usually **qui**et in the **o**ffice to**day**.
Its an**yiu**shuali **cuai**et in di **o**fis tu**dei**.

➤ **Perfectly** [Perfectamente]
[Esta solución es perfectamente válida, dado el límite de tiempo.]
This solution is perfectly valid, given the time limits.
Dis solushen iz perfectli vealid, guiven de taim limits.

➤ **Thoroughly** [Completamente, minuciosamente]
[Examinó el informe minuciosamente antes de firmar.]
He thoroughly examined the report before signing.
Ji zhorouli egzeamend de riport bifoor saining.

➤ **Seriously** [Seriamente]
[Esto debería ser considerado seriamente por la administración.]
This should be seriously considered by management.
Dis shud bi siriesli kensiderd bai meanechment.

➤ **Significantly** [Considerablemente]
[Los síntomas han disminuido considerablemente tras el tratamiento.]
The symptoms have significantly decreased after the treatment.
De simptomz jav segnifikentli dicriist after de triitment.

➤ **Deeply** [Profundamente]
[Ella estaba profundamente conmovida por el discurso.]
She was deeply moved by the speech.
Shi waz dipli muuvd bai de spiich.

➤ **Severely** [Severamente]
[La zona quedó severamente dañada después de la tormenta.]
The area was severely damaged after the storm.
Di eria waz sevierli deamechd after de storm.

➤ **Remarkably** [Notablemente]
[Ella se mantuvo notablemente tranquila bajo presión.]
She remained remarkably calm under pressure.
Shi remeind rimarkebli calm ander presher.

> **Constantly** [Constantemente]
[Ella mejora constantemente sus habilidades orales.]
She's **cons**tantly im**pro**ving her **spea**king skills.
Shiz **cons**tentli im**pruu**ving jer **spii**king skilz.

> **Strongly** [Fuertemente]
[Creo fuertemente que esta solución beneficiará a todos los involucrados.]
I **strong**ly be**lie**ve that this so**lu**tion will **be**nefit **e**veryone in**volv**ed.
Ai **strong**li bi**liiv** dat dis so**lu**shen wil **be**nefit **e**vriwan in**volv**t.

> **Considerably** [Considerablemente]
[Nuestra base de clientes ha crecido considerablemente desde que actualizamos la plataforma.]
Our customer base has grown con**si**derably since we up**da**ted the **plat**form.
Auer **cas**tomer beis jaz groun ken**si**derabli sins wi ap**dei**red de **plat**form.

> **A bit** [Un poco]
[Ella parecía un poco nerviosa antes de su primera presentación internacional.]
She seemed a bit **ner**vous be**fore** her first inter**na**tional presen**ta**tion.
Shi siimd a bit **ner**ves bi**foor** jer ferst inter**nea**shenol prezen**tei**shen.

> **Somewhat** [Algo / en cierto modo]
[La retroalimentación fue algo sorprendente dada sus respuestas anteriores.]
The **feed**back was **some**what sur**pri**sing **gi**ven their **pre**vious res**pon**ses.
De **fiid**bak waz **sam**wat sur**prai**zing **gui**ven der **pri**vies ris**pon**sez.

➢ **Mildly** [Ligeramente / levemente]
[Él estaba solo ligeramente interesado en el tema durante la discusión.]
He was only mildly interested in the topic during the discussion.
Ji waz onli maieldli intrested in de topik during de diskashen.

➢ **Scarcely** [Apenas]
[Apenas había terminado de hablar cuando sonó la alarma.]
She had scarcely finished speaking when the alarm went off.
Shi jad skersli finisht spiiking wen di alarm went of.

➢ **Seldom** [Rara vez]
[Rara vez viajan juntos debido a sus horarios conflictivos.]
They seldom travel together due to conflicting schedules.
Dei seldom travol tugueder du tu kenflicting skeyuolz.

➢ **Sincerely** [Sinceramente]
[Sinceramente agradezco tu ayuda durante la emergencia.]
I sincerely appreciate your help during the emergency.
Ai sensierli aprishieit yior jelp during di emeryensi.

➢ **Quite** [Bastante / muy]
[El documental fue bastante interesante y me hizo reflexionar mucho.]
The documentary was quite interesting and made me think a lot.
De dokiumenteri waz cuait intresting eand meid mi zhink a lot.

➢ **Relatively** [Relativamente]
[El clima ha sido relativamente cálido este invierno en comparación con otros años.]
The weather has been relatively warm this winter compared to other years.
De weder jaz biin relativli worm dis winter comperd tu oder yierz.

> **Hardly** [Apenas / casi no]
[La batería del teléfono apenas duró una hora después de la actualización.]
The phone **bat**tery **hard**ly **las**ted an **hour af**ter the **up**date.
De foun **ba**reri **jard**li **las**ted an **au**er after di **ap**deit.

> **Occasionally** [Ocasionalmente]
[Ocasionalmente trabaja desde casa cuando necesita concentrarse más.]
She **oc**casionally works from home when she needs more **fo**cus.
Shi o**kei**shoneli works from joum wen shi niidz moor **fou**kes.

> **Regularly** [Regularmente]
[Asisten regularmente a clases de conversación para mejorar su pronunciación.]
They **re**gularly **at**tend conver**sa**tion **cla**sses to im**prove** their pronunci**a**tion.
Dei **re**guiulerli **a**tend conver**sei**shen **cla**sez tu im**pruuv** der pronansi**ei**shen.

> **Rarely** [Raramente / pocas veces]
[Raramente sale a cenar porque prefiere cocinar en casa.]
He **rare**ly goes out to **di**nner be**cause** he pre**fers** to cook at home.
Ji **rer**li gouz aut tu **di**ner bi**coz** ji pre**ferz** tu cuk at joum.

> **Honestly** [Honestamente]
[Honestamente, no esperaba que el examen fuera tan difícil.]
Honestly, i **di**dn't ex**pect** the test to be that **di**fficult.
Onestli, ai **di**dent ek**spect** de test tu bi dat **di**ficolt.

ESCANEA Y APRENDE

Aprende escuchando e imitando los sonidos correctamente

CONECTORES AVANZADOS Y EXPRESIONES DE CONTRASTE

Los **conectores de contraste** permiten **mostrar diferencias, contradicciones o ideas opuestas** dentro de una oración o entre varias frases. Se **usan para argumentar con claridad, matizar opiniones o añadir perspectiva**. Algunos se colocan al inicio, otros en medio o entre comas. Es importante saber si requieren dos cláusulas completas o no.

Una **cláusula de contraste** es una parte de una oración que **presenta una idea opuesta o diferente a otra**. Se usan para comparar dos situaciones o hechos que contrastan entre sí.

En palabras simples una cláusula es como una mini oración que tiene sujeto y verbo. Cuando usamos dos cláusulas de contraste, estamos diciendo dos ideas diferentes o contrarias dentro de la misma oración o en oraciones unidas por conectores.

Ejemplo simple

Cláusula 1: [Me gusta el café]
I like **co**ffee.
Ai laik **co**fi.

Cláusula 2: [No me gusta el té.]
I don't like tea.
Ai dount laik tii.

Si las unimos con un conector de contraste:

➤ Ejemplo: [Me gusta el café, pero no me gusta el té.]
I like **co**ffee, but i don't like tea.
Ai laik **co**fi, bat ai dount laik tii.

¿Y cómo se forman?

Hay dos maneras básicas de formar oraciones con cláusulas de contraste:

- Con un conector entre dos oraciones completas

Cláusula A + conector + Cláusula B

➢ Ejemplo: [Estudió mucho, pero reprobó el examen.]
She **stu**died a lot, but she failed the test.
Shi **sta**rid a lot, bat shi feild de test.

- Con un conector al principio de la oración. El conector inicia la nueva oración, va seguido de coma y la primera oración termina con punto.

Oración A. + Conector + Oración B.

➢ Ejemplo: [Es muy rico. Sin embargo, no es feliz.]
He's **ve**ry rich. How**e**ver, he's not **ha**ppy.
Jiz **ve**ri rich. Jau**e**ver, jiz not **ja**pi.

- Otra fórmula común

Conector + coma + oración

➢ Ejemplo: [Sin embargo, no estoy de acuerdo con la decisión final.]
How**e**ver, i **di**dn't **a**grii with the **fi**nal de**ci**sion.
Jau**e**ver, ai **di**dent **a**grii wizh de **fai**nol de**si**shen.

Ejemplos

➢ **In contrast** [En contraste / por el contrario]
[Mis gustos musicales son tranquilos, en contraste con los de mi hermana.]
My **mu**sic taste is calm, in **con**trast with my **sis**ter's.
Mai **miu**zik teist iz calm, in **con**trast wizh mai **sis**terz.

> **On the other hand** [Por otro lado / en cambio]
[No me gusta volar; por otro lado, viajar en tren me encanta.]
I don't like **fly**ing; on the **o**ther hand, i love **tra**veling by train.
Ai dount laik **flai**ng; on di **o**der jeand, ai lov **tra**veling bai trein.

> **Nevertheless** [Sin embargo / no obstante]
[Estaba lloviendo; sin embargo, fuimos al parque.]
It was **rai**ning; neverthe**less**, we went to the park.
It waz **rein**ing; neverde**les**, wi went tu de park.

> **Whereas** [Mientras que / en cambio]
[Pedro es muy sociable, mientras que Luis es más reservado.]
Pedro is **ve**ry **out**going, **whe**reas luis is more re**ser**ved.
Pedro iz **ve**ri **aut**gouing, **we**raz luis iz moor re**zervd**.

> **Although** [Aunque]
[Aunque tenía miedo, decidió hablar en público.]
Al**though** she was a**fraid**, she de**ci**ded to speak in **pu**blic.
Ol**dou** shi waz a**freid**, shi di**sai**red tu spiik in **pa**blik.

> **Even though** [Aunque / a pesar de que]
[Aunque estudié mucho, no pasé el examen.]
Even though i **stu**died hard, i **di**dn't pass the e**xam**.
Iven dou ai **sta**rid jard, ai **di**dent pas di eg**zeam**.

> **Despite / In spite of** [A pesar de]
[A pesar del frío, salimos a caminar.]
Des**pite** the cold, we went out for a walk.
Dis**pait** de could, wi went aut for a wok.

> **Conversely** [A la inversa / por el contrario]
[Él ahorra cada mes. Ella, por el contrario, gasta mucho.]
He saves **e**very month. Con**ver**sely, she spends a lot.
Ji seivz **e**vri manzh. Ken**vers**li, shi spendz a lot.

➢ **Notwithstanding** [A pesar de / sin que importe]
[A pesar del mal clima, el evento siguió adelante.]
Notwith**stan**ding the bad **wea**ther, the **e**vent went a**head**.
Notwizh**stean**ding de bad **we**der, di **event** went a**jed**.

➢ **Albeit** [Aunque (formal)]
[La propuesta fue aceptada, aunque con reservas.]
The pro**po**sal was ac**cep**ted, al**be**it with some reser**va**tions.
De pro**pou**zol waz ek**sep**ted, ool**bii**et wizh sam rezer**vei**shenz.

➢ **Nonetheless** [Sin embargo / aun así]
[No tenía experiencia. Aun así, consiguió el trabajo.]
He had no ex**pe**rience. Nonethe**less**, he got the job.
Ji jad nou ek**spi**riens. Nonde**les**, ji gat de yaab.

➢ **Yet** [Sin embargo]
[Parece fácil, sin embargo, no lo es.]
It seems **ea**sy, yet it's not.
It siimz **iizi**, yiet its not.

➢ **Still** [Aún así]
[No me gusta el café. Aún así, lo tomo a veces.]
I don't like **co**ffee. Still, i drink it **some**times.
Ai dount laik **co**fi. Stil, ai drink it **sam**taimz.

➢ **Even so** [Aun así]
[Estaba lloviendo. Aun así, salimos a correr.]
It was **rai**ning. **E**ven so, we went out for a run.
It waz **rein**ing. **Iven sou**, wi went aut for a ran.

➢ **Instead** [En lugar de eso]
[No fui al gimnasio. En lugar de eso, dormí una siesta.]
I **di**dn't go to the gym. In**stead**, i took a nap.
Ai **di**dent gou tu de yim. In**sted**, ai tuk a nap.

➢ **Rather than** [En vez de / en lugar de]
[Prefiero caminar en vez de tomar el autobús.]
I pre**fer wa**lking **ra**ther than **ta**king the bus.
Ai pre**fer wo**king **ra**der dean **tei**king de bas.

➢ **On the contrary** [Al contrario]
[No estoy enojado. Al contrario, estoy feliz de verte.]
I'm not **an**gry. On the **con**trary, i'm **ha**ppy to see you.
Aim not **en**gri. On de **con**treri, aim **ja**pi tu sii yiu.

➢ **Whereas** [Mientras que]
[Él disfruta la ciudad, mientras que yo prefiero el campo.]
He en**joys** the **ci**ty, **whe**reas i pre**fer** the **coun**tryside.
Ji en**yoiz** de **ci**ri, **we**raz ai pre**fer** de **can**trisaid.

➢ **Though** [Aunque / sin embargo]
[Es una buena idea. No me convence, sin embargo.]
It's a good i**dea**. I'm not con**vinced**, though.
Its a gud ai**dia**. Aim not ken**vinst**, dou.

➢ **But then again** [Pero por otro lado]
[Quiero mudarme. Pero, por otro lado, me encanta esta ciudad.]
I want to move. But then a**gain**, i love this **ci**ty.
Ai want tu muuv. Bat den a**guen**, ai lov dis **ci**ri.

➢ **Alternatively** [De forma alternativa / si no]
[Podemos tomar un tren. O, de forma alternativa, ir en coche.]
We can take a train. Al**ter**natively, we could drive.
Wi kean teik a trein. Ol**ter**narivli, wi cud draiv.

➢ **Whereby** [Mediante el cual / por el cual]
[Proponen un sistema por el cual ambas partes ganan.]
They pro**pose** a **sys**tem where**by** both sides **be**nefit.
Dei pro**pouz** a **sis**tem wer**bai** bouzh saidz **be**nefit.

Even if [Aunque / incluso si]
[Aunque llueva, iré al concierto.]
Even if it rains, i'll go to the **con**cert.
Iven if it reinz, ail gou tu de **con**cert.

Only [Pero / sin embargo]
[Quería venir, pero tenía trabajo.]
She **want**ed to come, **on**ly she had work.
Shi **want**ed tu cam, **on**li shi jad work.

➢ **In any case** [En cualquier caso]
[No le gustó el menú. En cualquier caso, comió algo.]
He **di**dn't like the **me**nu. In **an**y case, he ate **some**thing.
Ji **di**dent laik de **me**niu. In **e**ni keis, ji eit **sam**zhing.

➢ **By contrast** [Por el contrario]
[Mi gato es tranquilo. Por el contrario, el suyo es hiperactivo.]
My cat is calm. By **con**trast, his is hyper**ac**tive.
Mai keat iz calm. Bai **con**trast, jiz iz jaiper**ac**tiv.

➢ **While** [Aunque / mientras que]
[Aunque estaba cansada, siguió trabajando.]
While she was **ti**red, she kept **wor**king.
Waiel shi waz **tai**erd, shi kept **wor**king.

➢ **Otherwise** [De otro modo / si no]
[Debes apurarte. Si no, perderás el tren.]
You must **hur**ry. **O**therwise, you'll miss the train.
Yiu mast **jer**ri. **O**derwaiz, yiul mis de trein.

➢ **Even then** [Incluso entonces]
[Me explicaron tres veces. Incluso entonces, no lo entendí.]
They ex**plained** it three times. Even then, i **di**dn't get it.
Dei ek**spleind** it zhrii taimz. **Iv**en den, ai **di**dent guet it.

DESCRIBIR CAMBIOS Y TENDENCIAS

Para hablar de evolución personal, transformaciones sociales o interpretar gráficos y datos, es necesario conocer verbos, adjetivos y expresiones que nos ayuden a describir cambios y tendencias de forma clara.

En inglés, se usan **términos específicos** para indicar **incrementos, disminuciones, fluctuaciones y estabilidad**, tanto en contextos formales como informales. Este vocabulario es útil en presentaciones, ensayos, informes y conversaciones cotidianas.

Tipo de cambio	Verbos comunes	Adjetivos relacionados
Aumento	[Aumentar, crecer, ascender, subir] In**crease**, **grow**, **rise**, go **up** In**criis**, **grou**, **raiz**, gou ap	[Creciente, creciendo, subiendo] In**crea**sing, **grow**ing, **ris**ing In**criis**ing, **grou**ing, **raiz**ing
Disminución	[Disminuir, caer, bajar, declinar] **De**crease, **drop**, **fall**, de**cline** **Di**criis, **droop**, **fool**, di**clain**	[Decreciente, bajando, más bajo] **De**crea**sing**, **fall**ing, **low**er **Di**criising, **foo**ling, **lou**er
Cambio gradual	[Cambiar, evolucionar, transformar] Shift, **evolve**, trans**form** Shift, **ivolv**, treans**form**	[Gradual, constante, lento] **Gradual**, **stea**dy, slow **Grayuol**, **stedi**, slou

Cambio rápido	[Surgir, dispararse, desplomarse] Surge, **sky**rocket, **plu**mmet Serch, **skai**roket, **pla**met	[Súbito, brusco, dramático] **Su**dden, sharp, dra**ma**tic **Sa**den, sharp, dra**ma**rik
Fluctuación	[Fluctuar, variar] **Fluc**tuate, **va**ry **Flak**chueit, **ve**ri	[Inestable, inconsistente] Un**sta**ble, in**con**sistent An**stei**bol, in**ken**sistent
Estabilidad	[Permanecer, quedarse, mantenerse estable] Re**main**, stay, hold **stea**dy Re**mein**, stei, jould **ste**di	[Estable, constante, sin cambios] **Sta**ble, **con**stant, un**changed** **Stei**bol, **con**stant, an**cheinchd**

¿Qué significa describir cambios y tendencias?

Explica que se trata de observar cómo algo ha cambiado o está cambiando con el tiempo, y comunicarlo con precisión. Puede aplicarse a:

- Gráficas y datos (economía, clima, salud, etc.)
- Cambios personales (hábitos, estilo de vida, habilidades)
- Cambios sociales o culturales (tecnología, valores, formas de comunicarse)

Tipos de verbos usados

Verbos de cambio (cambio en estado o forma):
➢ [Transformar, evolucionar, mejorar, desarrollar, cambiar, adaptar]
Trans**form**, e**volve**, im**prove**, de**vel**op, shift, **adapt**
Treans**form**, i**volv**, im**pruuv**, di**vel**op, shift, **adapt**

Ejemplo: [La tecnología ha evolucionado rápidamente en los últimos años.]
Te**chno**logy has e**volved ra**pidly in **re**cent years.
Te**cno**loyi jaz i**voolvd ra**pidli in **ri**sent yierz.

Verbos de tendencia (dirección y cantidad del cambio):
➢ [Aumentar, disminuir, subir, bajar, crecer, desplomarse, dispararse, fluctuar, subir, bajar.]
In**cr**ease, **de**crease, rise, fall, grow, **plu**mmet, **sky**rocket, **fluc**tuate, go up, go down
In**cr**iis, **di**criis, raiz, fool, grou, **pla**met, **skai**roket, **flak**chueit, gou ap, gou daun

Ejemplo: [El desempleo ha disminuido de forma constante desde 2020.]
Un**emplo**yment has de**creased stea**dily since two **thou**sand **twen**ty.
Anem**plo**iment jaz di**criist stedeli** sins tu **zhau**zend **tue**ni.

Adverbios para describir el ritmo o la intensidad del cambio

Explica que estos matizan lo que está ocurriendo:
➢ [Lentamente, rápidamente, significativamente, ligeramente, drásticamente, gradualmente.]
Slowly, **ra**pidly, sig**nifi**cantly, **slight**ly, dramatically, **gra**dually
Slouli, **ra**pidli, segni**fiken**tli, **slait**li, dramarekli, **gra**duali

Ejemplo: [El número de usuarios aumentó gradualmente a lo largo del año.]
The **num**ber of **u**sers in**creas**ed **gra**dually **o**ver the year.
De **nam**ber of **yiu**zerz in**criist gra**duali **ou**ver de yier.

Tiempos verbales que se usan

Es importante saber qué tiempos verbales se usan típicamente para este tipo de descripciones:

Tiempo verbal	Uso común
Present Perfect	Cambios que han ocurrido hasta ahora o tienen impacto en el presente.
Ejemplo:	[Los precios han subido recientemente.] **Pri**ces have in**creas**ed **re**cently. **Prai**sez jav in**criist ri**centli.
Past Simple	Cambios en un periodo terminado.
Ejemplo:	[La población creció rápidamente en 2015.] The popu**la**tion grew **ra**pidly in two **thou**sand **fif**teen. De popiu**lei**shen gru **ra**pidli in tu **zhau**zend **fif**tiin.
Present Continuous	Tendencias en desarrollo.
Ejemplo:	[Cada vez más gente trabaja a distancia.] More **peo**ple are **wor**king re**mote**ly. Moor **pii**pol ar **wor**king re**mout**li.
Present Simple	Para describir patrones generales o verdades.
Ejemplo:	[Los precios suelen subir en verano.] **Pri**ces **u**sually go up in **su**mmer. **Prai**sez **yiu**shuali gou ap in **sa**mer.

Uso de gráficos, cifras y comparaciones

Interpretar y describir gráficos con frases como:

➤ [Hubo un aumento constante en....]
There was a **stea**dy **in**crease in...
Der waz a **ste**di **in**criis in...

➤ [El porcentaje disminuyó drásticamente...]
The per**cen**tage dropped **sharp**ly...
De per**sen**tech droopt **sharp**li...

➤ [En comparación con el año pasado...]
Com**pared** to last year...
Com**perd** tu last yier...

➤ [De 2000 a 2020, vimos...]
From two **thou**sand to two **thou**sand **twen**ty, we saw...
From tu **zhau**zend tu tu **zhau**zend **tue**ni, wi soo...

Conectores y expresiones útiles para conectar ideas

Para redactar párrafos o descripciones, se deben usar conectores como:

➤ [Como resultado] As a re**sult** Az a ri**solt**	➤ [Debido a esto] Due to this Du tu dis
➤ [En los últimos años] **O**ver the past few years **O**uver de past fiu yierz	➤ [En comparación con] Com**pared** to Com**perd** tu

> [Mientras que X aumentaba, Z disminuía]
While x was in**crea**sing, z was de**crea**sing
Waiel ex waz in**crii**sing, zi waz di**crii**sing

Ejemplos

> **Rise** [Aumento]

[Ha habido un aumento constante en el uso de redes sociales en los últimos años.]
There has been a **stea**dy rise in **so**cial **me**dia **u**sage in **re**cent years.
Der jaz biin a **ste**di raiz in **sou**shol **mi**ria **yiu**sech in **ri**sent yierz.

> **Decline** [Disminución]

[Observamos una disminución significativa en las ventas desde 2020.]
We ob**served** a sig**ni**ficant de**cline** in sales since two **thou**sand **twen**ty.
Wi ob**zervd** a signi**fi**kent di**clain** in seelz sins tu **zhau**zend **tue**ni.

> **Fluctuate** [Fluctuar]

[Los precios del petróleo han fluctuado considerablemente este trimestre.]
Oil **pri**ces have **fluc**tuated con**si**derably this **quar**ter.
Oil **prai**sez jav **flak**chueired ken**si**derabli dis **cuo**rer.

> **Remain stable** [Mantenerse estable]

[La tasa de desempleo se ha mantenido estable en los últimos meses.]
The unem**ploy**ment rate has re**mained sta**ble **o**ver the past few months.
Di anem**ploi**ment reit jaz re**meind stei**bol **ou**ver de past fiu manz.

> **Peak** [Alcanzar el punto más alto]

[Las exportaciones alcanzaron su punto más alto en marzo de 2023.]
Exports peaked in march two **thou**sand **twen**ty three.
Eksports pikt in march tu **zhau**zend **tue**ni zhrii.

KNINGLÉS – NIVEL INTERMEDIO B2

➢ **Drop** [Caer, bajar]
[Los niveles de contaminación cayeron drásticamente durante la pandemia.]
Pollution levels dropped dramatically during the pandemic.
Polushen levolz droopt dramearekli during de peandemik.

➢ **Gradual increase** [Aumento gradual]
[Hubo un aumento gradual en la concienciación sobre la salud mental.]
There was a gradual increase in awareness of mental health.
Der waz a grayuol incriis in awernes of mentol jelzh.

➢ **Sharp fall** [Caída brusca]
[Hubo una caída brusca en los precios de las acciones esta semana.]
There was a sharp fall in stock prices this week.
Der waz a sharp fool in stok praisez dis wiik.

➢ **Steady growth** [Crecimiento constante]
[La empresa ha mostrado un crecimiento constante desde su lanzamiento.]
The company has shown steady growth since its launch.
De compeni jaz shoun stedi grouzh sins its loonch.

➢ **Personal development** [Desarrollo personal]
[Ha dedicado tiempo a su desarrollo personal y emocional.]
She has devoted time to her personal and emotional development.
Shi jaz divoured taim tu jer personal eand imoushenol divelopment.

➢ **Social shift** [Cambio social]
[Estamos presenciando un gran cambio social respecto al trabajo remoto.]
We are witnessing a major social shift regarding remote work.
Wi ar witnesing a meiyor soushol shift rigarding remout work.

KNINGLÉS – NIVEL INTERMEDIO B2

➢ **Trend** [Tendencia]
[La tendencia actual es hacia un consumo más consciente.]
The **cu**rrent trend is to**wards** more **con**scious con**sump**tion.
De **co**rrent trend iz to**wordz** moor **con**shes ken**samp**shen.

➢ **Decrease slightly** [Disminuir ligeramente]
[Los niveles de estrés han disminuido ligeramente desde que cambié de trabajo.]
Stress **le**vels have de**creased sligh**tly since I changed jobs.
Stres **le**volz jav di**criist slait**li sins ai cheinchd yaabz.

➢ **Increase gradually** [Aumentar gradualmente]
[La temperatura global ha aumentado gradualmente en las últimas décadas.]
Global **tem**perature has in**creased gra**dually **o**ver the last **de**cades.
Glou**bal tem**precher jaz in**criist gra**duali **ou**ver de last **de**keidz.

➢ **Shift towards** [Moverse hacia]
[Hay un cambio hacia energías renovables en muchas industrias.]
There is a shift to**wards renew**able **e**nergy in **ma**ny in**du**stries.
Der iz a shift to**wordz** rinuebol eneryi in meni industris.

➢ **Undergo a transformation** [Sufrir una transformación]
[La ciudad ha sufrido una transformación en los últimos 10 años.]
The **ci**ty has under**gone** a transfor**ma**tion **o**ver the past ten years.
De **ci**ri jaz ander**gan** a treansfor**mei**shen **ou**ver de past ten yierz.

➢ **Evolve over time** [Evolucionar con el tiempo]
[Sus ideas sobre la familia han evolucionado con el tiempo.]
Her i**deas a**bout **fa**mily have e**volved o**ver time.
Jer ai**diaz a**baut **fea**meli jav i**voolvd ou**ver taim.

> **Change significantly** [Cambiar significativamente]
[Las prioridades de la sociedad han cambiado significativamente.]
Society's priorities have changed significantly.
Sosaeriz praioreriz jav cheinchd segnifikentli.

> **Increase** [Aumentar]
[Los precios de los alimentos han aumentado debido a la inflación.]
Food prices have increased due to inflation.
Fuud praisez jav incriist du tu infleishen.

> **Increase awareness** [Aumentar la conciencia]
[Las campañas han ayudado a aumentar la conciencia sobre el cambio climático.]
The campaigns have helped increase awareness about climate change.
De campeinz jav jelpt incriis awernes abaut claimet cheinch.

> **Fall steadily** [Bajar constantemente]
[El número de fumadores ha bajado constantemente en la última década.]
The number of smokers has fallen steadily over the past decade.
De namber of smoukerz jaz folen stedeli ouver de past dekeid.

> **Decrease** [Disminuir]
[El consumo de papel ha disminuido gracias al uso de medios digitales.]
Paper consumption has decreased thanks to the use of digital media.
Peiper kensampshen jaz dicriist zhenks tu de yiuz of diyirol miria.

➢ **Transform** [Transformar]
[La pandemia transformó la manera en que trabajamos y nos comunicamos.]
The pandemic **trans**formed the way we work and com**mu**nicate.
De pean**de**mik tran**sformd** de wei wi work eand co**miu**nikeit.

➢ **Plummet** [Caer en picada]
[Las ventas cayeron en picada después del escándalo de la empresa.]
Sales **plu**mmeted **af**ter the **com**pany **scan**dal.
Seelz **pla**meted **af**ter de **com**peni **skean**dol.

➢ **Skyrocket** [Dispararse]
[El interés por la inteligencia artificial se ha disparado recientemente.]
Interest in arti**fi**cial in**te**lligence has **sky**rocketed **re**cently.
Intrest in ari**fi**shol in**te**liyens jaz **skai**rokered **ri**centli.

➢ **Go up** [Subir]
[La temperatura global sigue subiendo cada año.]
Global **tem**perature keeps **go**ing up **e**very year.
Gloubal **tem**precher kiips **gou**ing ap **e**vri yier.

➢ **Significantly** [Significativamente]
[En los últimos años, ella ha mejorado significativamente su habilidad para hablar en público.]
Over the last few years, she has sig**ni**ficantly im**proved** her **pu**blic **spea**king a**bi**lities.
Ouver de last fiu yierz, shi jaz seg**ni**fikentli im**pruuvt** jer **pa**blik **spii**king a**bi**leriz.

➢ **Have started** [Han comenzado]
[Muchas personas han comenzado a comer más alimentos de origen vegetal.]
Many **peo**ple have **star**ted **ea**ting more plant - based foods.
Meni **pii**pol jav **star**ded **ii**ring moor pleant - beist fuudz.

➢ **Used to / but now** [Solía / pero ahora]
[Solía postergar mucho, pero ahora planifico mis tareas con eficiencia.]
I used to pro**cras**tinate a lot, but now i plan my tasks more **effi**ciently.
Ai yiuzd tu pro**cras**tineit a lot, bat nau ai plean mai tasks moor **efi**shenli.

➢ **Reduced** [Reducido]
[He reducido lentamente mi consumo de cafeína durante el último año.]
I've **slow**ly re**duced** my **caf**feine **in**take **o**ver the past year.
Aiv **slou**li ri**dust** mai **ca**fiin **in**teik **ou**ver de past yier.

➢ **Increased noticeably** [Aumentado notablemente]
[Su confianza ha aumentado notablemente desde que comenzó a practicar mindfulness.]
His **con**fidence has in**creased no**ticeably since he be**gan prac**ticing **mind**fulness.
Jiz **con**fidens jaz in**criist nou**risibli sins ji bi**guean prak**tesing **maind**fulnes.

➢ **Completely transformed** [Transformado completamente]
[Después de mudarme al extranjero, mi perspectiva de la vida se transformó completamente.]
After **mo**ving a**broad**, my per**spec**tive on life com**plete**ly trans**formed**.
After **mu**ving a**brood**, mai per**spek**tiv on laif com**plit**li trans**formd**.

➢ **Become more focused** [Volverse más enfocado]
[Desde que dejé de usar redes sociales todos los días, me he vuelto más enfocado.]
Since i stopped using social media daily, i've become more focused.
Sins ai stapt yiuzing soushol miria deili, aiv bicam moor foukest.

➢ **Changed dramatically** [Cambiado drásticamente]
[Sus hábitos de sueño han cambiado drásticamente debido a su nuevo trabajo.]
Her **slee**ping **ha**bits have changed dra**ma**tically due to her new job.
Jer **slii**ping **ja**bits jav cheinchd dra**mea**rekli du tu jer niu yaab.

➢ **Have become more open** [Se han vuelto más abiertos]
[Las actitudes culturales hacia la salud mental se han vuelto más abiertas y aceptantes.]
Cultural **at**titudes **to**ward **men**tal health have be**come** more **o**pen and ac**cep**ting.
Calcherol a**re**tudz **to**ward **men**tol jelzh jav bi**cam** moor **ou**pen eand ek**sep**ting.

➢ **Transformed** [Transformado]
[Los roles de género en la publicidad se han transformado para reflejar una sociedad más inclusiva.]
Gender roles in **ad**vertising have tran**sformed** to re**flect** a more in**clu**sive so**ci**ety.
Yender roolz in **ad**vertaizing jav tran**sformd** tu ri**flect** a moor in**clus**iv so**sai**eri.

➢ **Have adapted** [Se han adaptado]
[Con el tiempo, los sistemas educativos se han adaptado para incluir más herramientas de aprendizaje digital.]
Over time, edu**ca**tion **sys**tems have a**dap**ted to in**clude** more **di**gital **lear**ning tools.
Ouver taim, eyu**kei**shen **sis**temz jav a**dap**ted tu in**clud** moor **di**yirol **ler**ning tuulz.

FRASES PARA HABLAR DEL FUTURO

Hablar del futuro en inglés requiere elegir la estructura adecuada según el tipo de predicción, plan o posibilidad. Se utilizan formas como **will, going to, might, may** y expresiones de certeza o duda para comunicar el grado de seguridad con el que se habla.

Algunas estructuras sirven para expresar decisiones espontáneas, otras para planes ya establecidos, y otras para hacer suposiciones.

Estructuras Básicas

Estructura	Uso	Ejemplo
Will + verbo base	Decisiones espontáneas / predicciones	[Creo que lloverá.] I think it will rain. Ai zhink it wil rein.
Be going to + verbo base	Planes / evidencias actuales	[Voy a visitar Roma.] I'm **go**ing to **vi**sit Rome. Aim **gou**ing tu **vi**zit Roum.
Might / may + verbo base	Posibilidad / duda	[Podríamos llegar tarde.] We might be late. Wi mait bi leit.
Will probably / definitely / possibly + verbo	Predicciones con distintos grados de certeza	[Sin duda, los precios subirán.] **Prices** will **de**finitely in**crease**. **Prai**sez wil **de**finetli in**criis**.

It is likely / unlikely that + sujeto + verbo	Probabilidad	[Es probable que se mude al extranjero.] It is **likely** that she'll move **abroad**. It iz **laikli** dat shil muuv **abrood**.

Ejemplos

> **Will** [Va a]

[El nuevo reglamento cambiará la forma en que trabajamos.]
The new regulation will change the way we work.
De niu reguiu**lei**shen wil cheinch de wei wi work.

> **Going to** [Vamos a]

[Vamos a digitalizar todos los archivos físicos antes de fin de año.]
We're going to digitize all physical files by the end of the year.
Wir **gou**ing tu **di**yetaiz ol **fi**sicol faiolz bai di end of de yier.

> **Might** [Podria]

[Podríamos reducir el consumo energético con estas nuevas medidas.]
We might re**duce e**nergy con**sump**tion with these new **mea**sures.
Wi mait ri**dus** eneryi ken**samp**shen wizh diz niu **me**sherz.

> **May** [Puede]

[Puede que surjan nuevas oportunidades si este proyecto funciona bien.]
New oppor**tu**nities may **a**rise if this **pro**ject works well.
Niu aper**tu**neriz mei a**rais** if dis **pro**yect works wel.

> **Definitely** [Definitivamente]

[Definitivamente contrataré un coach si obtengo el ascenso.]
I'll **de**finitely hire a coach if i get the pro**mo**tion.
Ail **de**finetli jaier a couch if ai guet de pro**mou**shen.

➢ **Probably** [Probablemente]
[Probablemente adoptemos un sistema híbrido en el futuro cercano.]
We'll **pro**bably **ad**opt a **hy**brid **sys**tem in the near **fu**ture.
Wil **pro**bebli **ad**opt a **jai**bred **sis**tem in de nier **fiu**cher.

➢ **Possibly** [Posiblemente]
[Posiblemente ellos consideren otras opciones antes de decidir.]
They'll **pos**sibly con**sid**er **oth**er **op**tions be**fore** de**cid**ing.
Deil **po**sebli ken**sir**er **od**er **op**shenz bi**foor** di**sai**ring.

➢ **Certainly** [Ciertamente]
[Ciertamente implementarán más controles si el problema persiste.]
They will **cer**tainly **im**plement more con**trols** if the **is**sue con**tin**ues.
Dei wil **sert**nli **im**plement moor ken**trolz** if di **is**hu ken**tin**iuz.

➢ **Maybe** [Quizás]
[Quizás no se sientan listos para asumir ese reto.]
Maybe they're not **rea**dy to take on that **cha**llenge.
Meibi der not **re**di tu teik on dat **chea**lench.

➢ **It's likely that** [Es probable que]
[Es probable que más personas trabajen desde casa permanentemente.]
It's **like**ly that more **peo**ple will work from home **per**manently.
Its **laik**li dat moor **pii**pol wil work from joum **per**manentli.

➢ **It's unlikely that** [Es poco probable]
[Es poco probable que todos acepten el nuevo sistema sin objeciones.]
It's un**like**ly that **ev**eryone will ac**cept** the new **sys**tem wi**thout** ob**jec**tions.
Its an**laik**li dat **ev**riwan wil ak**sept** de niu **sis**tem wi**zhaut** ob**yek**shenz.

➢ **I'm sure** [Estoy seguro]
[Estoy seguro de que él aceptará si lo invitamos.]
I'm sure he'll ac**cept** if we in**vite** him.
Aim shuor jil ak**sept** if wi in**vait** jim.

> **I doubt** [Dudo]
[Dudo que reemplacen completamente el papel en las oficinas este año.]
I doubt they'll com**plet**ely re**place pa**per in **o**ffices this year.
Ai daut deil com**plit**li ri**pleis pei**per in **o**ficez dis yier.

> **There's a good chance that** [Hay una buena posibilidad de]
[Hay una buena posibilidad de que adoptemos inteligencia artificial en el proceso.]
There's a good chance that we'll a**dopt** AI in the **pro**cess.
Derz a gud cheans dat wil a**dopt** Ei-Ai in de **pro**ses.

> **It's hard to say if** [Es difícil decir si]
[Es difícil decir si esa tendencia durará más de un año.]
It's hard to say if that trend will last more than a year.
Its jard tu sei if dat trend wil last moor dean a yier.

> **I wouldn't be surprised** if [No me sorprendería si]
[No me sorprendería si los empleados exigen más flexibilidad.]
I **woul**dn't be sur**prised** if em**ploy**ees de**mand** more flexi**bil**ity.
Ai **wu**dent bi se**praizd** if em**plo**iiz de**meand** moor fleksebileri.

> **He's going to probably** [Él probablemente va a]
[Él probablemente va a aceptar la propuesta.]
He's **pro**bably **go**ing to ac**cept** the pro**po**sal.
Jiz **pro**bebli **gou**ing tu ak**sept** de pro**pou**zol.

> **They might not** [Ellos podrían no]
[Ellos podrían no llegar a tiempo.]
They might not a**rrive** on time.
Dei mait not a**rraiv** on taim.

> **We may still** [Todavía podemos]
[Todavía podemos cambiar de opinión.]
We may still change **o**ur minds.
Wi mei stil cheinch **au**er maindz.

KNINGLÉS – NIVEL INTERMEDIO B2

➢ [Sin duda, la demanda aumentará en los próximos meses.]
Without a doubt, de**mand** will **in**crease in the **co**ming months.
Wizhaut a daut, de**meand** wil **in**criis in de **ca**ming manz.

➢ [Es casi seguro que suban los precios antes del verano.]
It's **al**most **cer**tain that **pri**ces will rise be**fore su**mmer.
Its **ol**moust **cer**tn dat **prai**sez wil raiz bi**foor sa**mer.

➢ [Seguramente recibirás una respuesta la próxima semana.]
You'll **sure**ly re**ceive** a re**ply** next week.
Yiul **shuer**li ri**siiv** a re**plai** nekst wiik.

➢ [Es probable que adoptemos un enfoque más flexible.]
It's **like**ly that we'll a**dopt** a more **flex**ible a**pproach**.
Its **laik**li dat wil a**dopt** a moor **flek**sibol a**prouch**.

➢ [Podría haber cambios importantes en la política de privacidad.]
There might be **ma**jor **chan**ges in the **pri**vacy **po**licy.
Der mait bi **mei**yor **chein**yez in de **prai**vesi **po**lesi.

➢ [Puede que cancelen el evento si llueve.]
They may **can**cel the **e**vent if it rains.
Dei mei **kean**sol di **e**vent if it reinz.

➢ [Quizás ella no acepte la propuesta tan rápido.]
Maybe she won't ac**cept** the pro**po**sal so **quick**ly.
Meibi shi wount ak**sept** de pro**pou**zol sou **cui**kli.

➢ [No estoy seguro de si firmarán el contrato este mes.]
I'm not sure if they'll sign the **con**tract this month.
Aim not shuor if deil sain de **con**tract dis manzh.

➢ [Podría surgir un problema con la logística.]
A **pro**blem might come up with the lo**gis**tics.
A **pro**blem mait cam ap wizh de lo**yis**tiks.

Suposiciones y predicciones con lenguaje avanzado:

➤ [Supongo que el mercado se estabilizará después del tercer trimestre.]
I su**ppose** the **mar**ket will **sta**bilize **af**ter the third **quar**ter.
Ai se**pouz** de **mar**ket wil **stei**balaiz **af**ter de zherd **cuo**rer.

➤ [Asumo que muchos clientes esperarán ofertas antes de comprar.]
I a**ssume ma**ny **cus**tomers will wait for dis**counts** be**fore buy**ing.
Ai a**sum me**ni **cas**tomerz wil weit for dis**caunts** bi**foor bai**ing.

➤ [Espero que el nuevo sistema facilite nuestro trabajo diario.]
I ex**pect** the new **sys**tem to make **o**ur **dai**ly work **ea**sier.
Ai ek**spect** de niu **sis**tem tu meik **au**er **dei**li work **iiz**ier.

➤ [Todo indica que la empresa expandirá sus operaciones en Asia.]
It seems that the **com**pany will ex**pand** its ope**rat**ions in **A**sia.
It siimz dat de **com**peni wil ek**speand** its ope**reish**enz in **Ei**sha.

➤ [Me da la impresión de que el proyecto será un éxito.]
I have a **fee**ling that the **pro**ject will be a suc**cess**.
Ai jav a **fiil**ing dat de **pro**yect wil bi a sek**ses**.

➤ [Lo más probable es que trabajemos desde casa dos veces por semana.]
Chances are that we'll work from home twice a week.
Cheancez ar dat wil work from joum tuais a wiik.

➤ [Estamos destinados a tener grandes cambios en los próximos años.]
We're bound to ex**per**ience **ma**jor **chan**ges in the **co**ming years.
Wir baund tu ek**spi**riens **mei**yor **chein**yez in de **ca**ming yierz.

USO AVANZADO DE VOZ PASIVA

La voz pasiva se utiliza para dar **énfasis a la acción** o al **receptor de la acción**, en lugar de al sujeto que la realiza. A nivel avanzado, se emplea **para hacer declaraciones impersonales, transmitir información reportada o presentar hechos de forma objetiva**. Estas estructuras son comunes en textos académicos, noticias y contextos formales.

Comparación Activa VS Pasiva

Antes de introducir estructuras avanzadas, es necesario comprendr la diferencia básica entre oraciones activas y pasivas.

Activa: [La gente dice que ella es un genio.]
People say that she is a genius.
Piipol sei dat shi iz a yiinies.

Pasiva básica: [Se dice que ella es un genio.]
It is said that she is a genius.
It iz sed dat shi iz a yiinies.

Pasiva avanzada: [Dicen que ella es un genio.]
She is said to be a genius.
Shi iz sed tu bi a yiinies.

Recuerda que la voz pasiva **se enfoca en el resultado o la acción** más que en el sujeto que la realiza.

Estructuras avanzadas en voz pasiva

It is said that + sujeto + verbo...
Esta estructura se usa para reportar información general sin nombrar quién la dijo.

Ejemplo: [Se dice que habla cinco idiomas.]
It is said that he speaks five **lang**uages.
It iz sed dat ji spiiks faiv **leng**üeyez.

It is believed/thought/known + that...
Se utiliza para expresar creencias o conocimientos generales.

Ejemplo: [Se cree que la empresa se expandirá pronto.]
It is be**lieved** that the **com**pany will ex**pand** soon.
It iz bi**liivd** dat de **com**peni wil ek**speand** suun.

Sujeto + is said/believed/thought + to + infinitivo
Es una forma alternativa más formal, en la que el sujeto realiza la acción del infinitivo.

Ejemplo: [Se dice que es una excelente abogada.]
She is said to be an **ex**cellent **law**yer.
Shi iz sed tu bi an **ek**selent **lo**yer.

Sujeto + is reported/expected/rumored + to have + participio pasado
Se utiliza para hablar de acciones en el pasado que se reportan, esperan o rumorean.

Ejemplo: [Se informa que salió del país.]
He is re**por**ted to have left the **coun**try.
Ji iz ri**por**ded tu jav left de **can**tri.

Sujeto + is being + participio pasado
Se emplea para hablar de acciones que están ocurriendo en este momento.

Ejemplo: [El edificio está siendo restaurado.]
The **buil**ding is **be**ing re**stor**ed.
De **bil**ding iz **bi**ing ri**stord**.

Sujeto + has/had been + participio pasado
Se usa para indicar que una acción ya ha sido completada, en presente perfecto o pasado perfecto.

Ejemplo: [Los archivos han sido eliminados.]
The files have been de**le**ted.
De **faiolz** jav biin de**li**red.

Sujeto + modal (should/must/might) + be + participio pasado
Esta estructura sirve para recomendaciones, suposiciones u obligaciones.

Ejemplo: [El formulario debe completarse antes del mediodía.]
The form must be com**ple**ted be**fore** noon.
De form mast bi com**pli**red bi**foor** nuun.

Sujeto + modal + have been + participio pasado
Se utiliza para referirse a acciones pasadas con obligación, posibilidad u otras modalidades.

Ejemplo: [La carta debería haberse enviado antes.]
The **le**tter should have been sent **ear**lier.
De **le**rer shud jav biin sent **er**lier.

It is not known/clear/obvious whether...
Expresa duda o falta de certeza sobre una situación.

Ejemplo: [No se sabe si regresará.]
It is not known **whe**ther he'll re**turn**.
It iz not noun **we**der jil ri**tern**.

Was it expected that...?
Esta forma pasiva interrogativa se usa para hacer preguntas indirectas.

Ejemplo: [¿Se esperaba que el evento fuera cancelado?]
Was it ex**pec**ted that the **e**vent would be **can**celed?
Waz it ek**spec**ted dat di **e**vent wud bi **kean**sold?

Por qué y cuándo se usa la voz pasiva

- Para evitar mencionar al agente (quien hace la acción), especialmente si es irrelevante, obvio o desconocido.
- Para enfatizar el resultado o el objeto de la acción.
- Para dar un tono más formal u objetivo (muy usado en periodismo, reportes, textos académicos).

Formación con verbos de reporte y creencia

Muchos de los usos avanzados involucran verbos reportados como:

> [Decir, creer, pensar, informar, esperar, saber, considerar, entender, afirmar, asumir.]

Say, be**lie**ve, think, re**port**, ex**pect**, know, con**si**der, under**stand**, claim, a**ssume**.
Sei, bi**liiv**, zhink, ri**port**, ek**spect**, nou, ken**si**rer, ander**steand**, kleim, a**sum**.

Estas construcciones tienen dos formas posibles:

> [Se dice que ella ganó el premio.]
It is said that she won the prize.
It iz sed dat shi wan de praiz.

> [Dicen que ella ganó el premio.]
She is said to have won the prize.
Shi iz sed tu jav wan de praiz.

Pasiva con modales y tiempos compuestos

Incluye combinaciones como:

> [Se debe informar a los huéspedes con antelación.] (Obligación presente)
The guests must be in**formed** in ad**vance**.
De guests mast bi in**formd** in ed**veans**.

> [Los documentos podrían haberse extraviado.] (Posibilidad en el pasado)
The **do**cuments might have been lost.
De **do**kiuments mait jav biin lost.

También es útil repasar los tiempos compuestos en voz pasiva:

> [Se ha entregado, se ha completado, se habrá realizado, etc].
Has been de**li**vered, had been com**ple**ted, will have been made, etc.
Jaz biin de**li**verd, jad biin com**pli**red, wil jav biin meid, et**se**rera.

Errores comunes a evitar

- Usar el verbo en voz activa después de: is said to..(en lugar de infinitivo).
- Omitir el **to have** cuando se refiere al pasado.
- Usar voz pasiva innecesaria (evitar sobreusar estas estructuras si no aportan claridad).

Ejemplos

➤ [Se cree que el cambio climático afectará a todas las regiones del mundo.]
It is be**lieved** that **cli**mate change will a**ffect** all **re**gions of the world.
It iz bi**liivd** dat **clai**met cheinch wil a**fect** ol **ri**yenz of de world.

➤ [Se espera que la nueva política reduzca los gastos innecesarios.]
The new **po**licy is ex**pec**ted to re**duce** un**ne**cessary ex**pen**ses.
De niu **po**lesi iz ek**spec**ted tu ri**dus** an**ne**ceseri ek**spen**sez.

➤ [Se dice que ella habla cinco idiomas con fluidez.]
She is said to speak five **lang**uages **flu**ently.
Shi iz sed tu spiik faiv **leng**üeyez **flu**enli.

➤ [Se cree que ellos encontraron una solución efectiva.]
They are thought to have found an e**ffec**tive so**lu**tion.
Dei ar zhoot tu jav faund an e**fec**tiv so**lu**shen.

➤ [Se informó que el proyecto fue cancelado por falta de fondos.]
The **pro**ject was re**por**ted to have been **can**celled due to lack of funds.
De **pro**yect waz ri**por**ded tu jav biin **kean**sold du tu lak of fandz.

➤ [Se asume que todos los participantes completaron el formulario.]
It is **assumed** that all **parti**cipants **comple**ted the form.
It iz **asumd** dat ol **partisipents complired** de form.

➤ [Se considera que el equipo ha tenido un gran desempeño.]
The team is con**si**dered to have per**formed** well.
De tiim iz ken**siderd** tu jav per**formd** wel.

➤ [El producto debe ser probado antes de salir al mercado.]
The **pro**duct must be **tes**ted be**fore be**ing re**leased**.
De **pro**ract mast bi **tes**ted bi**foor bi**ing ri**liist**.

➤ [Los documentos han sido enviados a la oficina principal.]
The **do**cuments have been sent to the main **office**.
De **do**kiuments jav biin sent tu de mein **ofis**.

➤ [Se afirmó que el sistema había sido actualizado.]
It was claimed that the **sys**tem had been up**da**ted.
It waz kleimd dat de **sis**tem jad biin ap**deir**ed.

➤ [No se sabe si los archivos fueron recuperados.]
It is not known **whe**ther the files were re**co**vered.
It iz not noun **we**der de faiolz wer ri**cav**erd.

➤ [¿Se esperaba que el proyecto fracasara tan rápido?]
Was it ex**pec**ted that the **pro**ject would fail so **quic**kly?
Waz it ek**spec**ted dat de **pro**yect wud feil sou **cui**kli?

➤ [El edificio está siendo renovado por arquitectos reconocidos.]
The **buil**ding is **be**ing **re**novated by re**now**ned ar**chi**tects.
De **bil**ding iz **bi**ing **re**neveired bai re**naund** ar**ki**tects.

➤ [La reunión debería haber sido confirmada con antelación.]
The **mee**ting should have been con**firmed** in ad**vance**.
De **mii**ring shud jav biin ken**fermd** in ed**veans**.

➤ [No se consideró necesario cambiar el plan original.]
It **was**n't con**si**dered **ne**cessary to change the **ori**ginal plan.
It **wa**zent ken**si**derd **ne**ceseri tu cheinch di **ori**yinol plean.

➤ [Es probable que los resultados sean anunciados esta semana.]
The re**sults** are **li**kely to be a**nnounced** this week.
De ri**solts** ar **lai**kli tu bi a**naunst** dis wiik.

➤ [¿Había sido la información verificada antes de publicarla?]
Had the **da**ta been **ve**rified be**fore** it was **pu**blished?
Jad de **dei**ra biin **ve**refaid bi**foor** it waz **pa**blisht?

➤ [Se alega que el sospechoso robó información confidencial.]
The **sus**pect is **al**leged to have **sto**len confi**den**tial infor**ma**tion.
De **sas**pect iz **alechd** tu jav **stou**len confi**den**shol infor**mei**shen.

➤ [Se teme que la tormenta cause más daños.]
It is feared that the storm will cause **fur**ther **da**mage.
It iz fierd dat de storm wil cooz **fer**der **dea**mech.

➤ [Es poco probable que la propuesta sea aprobada.]
The pro**po**sal is un**li**kely to be a**pproved**.
De pro**pou**zol iz an**lai**kli tu bi a**pruvd**.

USO DE REPORTED SPEECH

En este nivel, el Reported Speech se amplía con una variedad de verbos introductorios más precisos que permiten transmitir el matiz exacto de lo que alguien dijo. También se profundiza en los cambios verbales necesarios al reportar, teniendo en cuenta el significado y contexto, así como el uso de estructuras con infinitivo, gerundio o que-clauses.

Información importante para comprender este tema

- Los verbos introductorios cambian la forma gramatical del discurso reportado

- Los cambios de tiempo verbal dependen del contexto y del tiempo del verbo introductorio (pasado o presente).

- Se puede usar Reported Speech para reportar **órdenes, preguntas, sugerencias, promesas, quejas, advertencias**, etc.

Fórmulas y estructuras comunes

Tipo de Verbo Introductorio	Estructura Reportada
[Decir, admitir, explicar, reclamar] Say, ad**mit**, ex**plain**, claim Sei, ed**mit**, ek**splein**, kleim	Subject + verb + that + clause
[Decir, preguntar, aconsejar, advertir] Tell, ask, ad**vise**, warn Tel, ask, ed**vaiz**, worn	Subject + verb + object + (not) to + infinitive

[Sugerir, recomendar] Su**gg**est, reco**mm**end Sa**yest**, reco**mm**end	**Subject + verb + verb-** **ing / that + subject +** **should + verb**
[Negar, insistir, aceptar] De**ny**, in**sist**, a**gree** De**nai**, in**sist**, a**grii**	**Subject + verb + that** **+ clause / on + verb-** **ing**
[Prometer, amenazar, negar] **Pro**mise, **threa**ten, **re**fuse **Pra**mes, **zhre**ten, **refi**uz	**Subject + verb + (not)** **to + verb**

Lista de verbos introductorios comunes en Reported Speech (Estilo Indirecto)

Estos verbos ayudan a indicar con mayor precisión la intención o matiz del hablante original. Se usan frecuentemente en reportes formales y escritos académicos.

Verbos para afirmar o declarar	Verbos para preguntas o solicitudes	Verbos para opinión o duda	Verbos para emociones o reacciones
[Decir] Say Sei	[Preguntar] Ask Ask	[Creer] Be**lieve** Bi**liiv**	[Admitir] Ad**mit** Ed**mit**
[Contar] Tell Tel	[Indagar] In**quire** In**cuaier**	[Suponer] Su**ppose** Se**pouz**	[Negar] De**ny** De**nai**
[Explicar] Ek**splain** Ek**splein**	[Preguntarse] **Won**der **Won**der	[Asumir] As**sume** As**um**	[Quejarse] Com**plain** Com**plein**

[Reclamar]	[Querer saber]	[Sospechar]	[Insistir]
Claim	Want to know	Sus**pect**	In**sist**
Sleim	Want tu nou	Sas**pect**	In**sist**
[Estado]	[Solicitar]	[Dudar]	[Disculparse]
State	Re**quest**	Doubt	A**po**logize
Steit	Ri**cuest**	Daut	A**po**loyaiz
[Anunciar]	[Exigir]	[De acuerdo]	[Sugerir]
A**nnounce**	De**mand**	A**gree**	Su**ggest**
A**nauns**	De**meand**	A**grii**	Sa**yest**
[Reportar]	[Advertir]	[Prometer]	[Recomendar]
Re**port**	Warn	Pro**mise**	Reco**mmend**
Ri**port**	Worn	Pra**mes**	Reco**mend**
[Añadir]			
Add			
Ad			

Fórmulas precisas para Reported Speech avanzado

Sujeto + verbo introductor + that + oración subordinada

Ejemplo:
➤ [Él afirmó que los resultados eran precisos.]
He **sta**ted that the re**sults** were **a**ccurate.
Ji **stei**red dat de ri**solts** wer akiuret.

Sujeto + verbo introductor + objeto + to + infinitivo
Para instrucciones, órdenes, sugerencias

Ejemplos:
➤ [Ella le aconsejó que aceptara el trabajo.]
She ad**vised** him to take the job.
Shi ed**vaist** jim tu teik de yaab.

> [Nos dijeron que nos calláramos.]
> They told us to be **qui**et.
> Dei tould as tu bi **cuai**et.

Sujeto + verbo introductor + verbo-ing
Para sugerencias o quejas

Ejemplos:
> [Ella negó haber aceptado el dinero.]
> She de**nied ta**king the **mo**ney.
> Shi den**aid tei**king de **ma**ni.

> [Él admitió haberle mentido a la profesora.]
> He ad**mi**tted **ly**ing to the **tea**cher.
> Ji ed**mi**red **lai**ing tu de **tii**cher.

Sujeto + verbo introductor + pregunta indirecta
Para preguntas en estilo indirecto

Ejemplos:
> [Le preguntó adónde iba.]
> He asked where she was **go**ing.
> Ji askt wer shi waz **gou**ing.

> [Se preguntaban si llegaría a tiempo.]
> They **won**dered if he would **arrive** on time.
> Dei **wan**derd if ji wud **arraiv** on taim.

Ejemplos

> [Él dijo que el experimento había sido un éxito.]
> He said that the ex**pe**riment had been a suc**cess**.
> Ji sed dat di ek**spe**riment jad biin a sek**ses**.

> [Ella afirmó que la solución parecía imposible en ese momento.]
She claimed that the solution seemed impossible at that time.
Shi kleimd dat de solushen siimd impasebol at dat taim.

> [Nos explicaron que la decisión ya había sido tomada.]
They explained that the decision had already been made.
Dei ekspleind dat de desishen jad olrredi biin meid.

> [El científico declaró que los resultados eran concluyentes.]
The scientist stated that the results were conclusive.
De saientist steired dat de risolts wer kenclusiv.

> [Me aconsejó que descansara un poco.]
He advised me to get some rest.
Ji edvaist mi tu guet sam rest.

> [Le dijeron al equipo que continuara con el plan.]
They told the team to proceed with the plan.
Dei tould de tiim tu prosiid wizh de plean.

> [Nos advirtieron que no tocáramos el cable.]
They warned us not to touch the wire.
Dei wornd as not tu tach de waier.

> [Me recordaron que enviara el informe antes del viernes.]
They reminded me to send the report before friday.
Dei remainded mi tu send de riport bifoor fraidei.

> [Él admitió haber olvidado la cita.]
He admitted forgetting the appointment.
Ji edmired forguering di apointment.

> [Ella negó haber roto la ventana.]
She denied breaking the window.
Shi denaid breiking de windou.

> [Recomendaron evitar esa zona por la noche.]
> They re**commen**ded a**voi**ding that **a**rea at night.
> Dei reco**men**ded a**voi**ring dat **e**ria at nait.

> [El gerente sugirió comenzar la reunión sin él.]
> The **ma**nager sug**ges**ted **star**ting the **mee**ting wi**thout** him.
> De **mea**nayer sa**yes**ted **star**ding de **mii**ring wi**zhaut** jim.

> [Se dice que ella habla cinco idiomas con fluidez.]
> She is said to speak five **lang**uages **flu**ently.
> Shi iz sed tu spiik faiv **len**güeyez **flu**enli.

> [Se dice que el científico hizo un descubrimiento revolucionario.]
> The **sci**entist is said to have made a **ground**breaking dis**co**very.
> De **sai**entist iz sed tu jav meid a **graund**breiking dis**co**veri.

> [Se cree que el artefacto fue creado hace mil años.]
> It is be**lieved** that the **ar**tifact was created a **thou**sand years a**go**.
> It iz bi**liivd** dat di **ar**difact waz cri**ei**red a **zhau**zend yierz a**gou**.

> [Se supone que el autor vivió en París durante una década.]
> The **au**thor is su**pposed** to have lived in **pa**ris for a **de**cade.
> Di **o**zher iz se**pouzd** tu jav livd in **pe**ris for a **de**keid.

> [Se informó que él había dejado la empresa el mes pasado.]
> He was re**por**ted to have left the **com**pany last month.
> Ji waz ri**por**ded tu jav left de **com**peni last manzh.

> [Se rumorea que la cantante se ha casado en secreto.]
> The **sin**ger is **ru**mored to have **ma**rried in **se**cret.
> De **sin**guer iz **ru**merd tu jav **me**rrid in **sii**kret.

> [Se cree que los investigadores ya han presentado el informe final.]
> The **re**searchers are be**lieved** to have sub**mi**tted the **fi**nal re**port**.
> De **ri**sercherz ar bi**liivd** tu jav sebmired de **fai**nol ri**port**.

➤ [Se dice que el actor rechazó varios contratos importantes.]
The **ac**tor is said to have turned down **se**veral **ma**jor **con**tracts.
Di **ac**tor iz sed tu jav ternd daun **se**vrol **mei**yor **con**tracts.

Preguntas indirectas complejas (Reported Questions):

➤ [Me preguntaron cuándo pensaba terminar el proyecto.]
They asked me when i was **pla**nning to **fi**nish the **pro**ject.
Dei askt mi wen ai waz **plea**ning tu **fi**nish de **pro**yect.

➤ [Quisieron saber cómo había logrado resolver el problema.]
They **wan**ted to know how i had **ma**naged to solve the **pro**blem.
Dei **wan**ted tu nou jau ai jad **mea**nechd tu soolv de **pro**blem.

➤ [Le preguntaron si estaría dispuesto a liderar el equipo.]
They asked him if he would be **wi**lling to lead the team.
Dei askt jim if ji wud bi **wi**ling tu liid de tiim.

➤ [Le consultaron por qué no había asistido a la reunión.]
They asked her why she **ha**dn't **at**ten**d**ed the **mee**ting.
Dei askt jer wai shi **ja**dent **at**ended de **mii**ring.

Órdenes y sugerencias indirectas más precisas:

➤ [Le insistieron en que entregara los documentos esa misma tarde.]
They urged him to sub**mit** the **do**cuments that same after**noon**.
Dei erchd jim tu seb**mit** de **do**kiuments dat seim after**nun**.

➤ [Le aconsejaron encarecidamente que evitara discutir con su jefe.]
They **strong**ly ad**vised** him to a**void** ar**gu**ing with his boss.
Dei **strong**li ed**vaist** jim tu a**void** ar**gi**uing wizh jiz bos.

➤ [Me pidieron amablemente que apagara el teléfono durante la presentación.]
They **kind**ly asked me to switch off my phone **du**ring the presen**ta**tion.
Dei **kain**li askt mi tu suich of mai foun **du**ring de prezen**tei**shen.

> [Se le ordenó al personal que evacuara el edificio inmediatamente.]
The staff was ordered to evacuate the building immediately.
De staf waz orderd tu evakiueit de bilding imirietli.

Estructuras más formales y académicas:

> [Se cree que el autor está trabajando en una secuela.]
It is believed that the author is working on a sequel.
It iz biliivd dat di ozher iz working on a siicuol.

> [Se espera que las cifras aumenten el próximo trimestre.]
It is expected that the figures will rise next quarter.
It iz ekspected dat de figuierz wil raiz nekst cuorer.

> [La compañía es conocida por su innovación tecnológica.]
The company is known to lead in technological innovation.
De compeni iz noun tu liid in teknoloyicol inoveishen.

> [El sospechoso es considerado peligroso.]
The suspect is considered to be dangerous.
De saspect iz kensiderd tu bi deinyeres.

> [El científico es considerado como quien descubrió el compuesto.]
The scientist is believed to have discovered the compound.
De saientist iz biliivd tu jav diskoverd de compeaund.

> [El proyecto fue dicho que había fracasado antes de comenzar.]
The project was said to have failed before it even started.
De proyect waz sed tu jav feild bifoor it iiven starded.

RELATAR EVENTOS EN SECUENCIA

Narrar eventos en secuencia requiere el uso adecuado de **conectores de tiempo y causa-efecto,** así como una combinación fluida de tiempos verbales (*pasado simple, pasado continuo, pasado perfecto, presente perfecto*) para dar claridad y profundidad a los relatos. Además, es importante usar **marcadores de énfasis o detalle** para hacer que la narración sea más envolvente y precisa.

Conectores temporales comunes para secuencias

Conectores para narrar en orden y dar claridad, organizan la historia cronológicamente o añaden énfasis:

> **Secuencia:** [Primero, entonces, después de eso, finalmente, eventualmente, más tarde, antes de eso, mientras, tan pronto como, cuando, al principio, al principio, más tarde, eventualmente, finalmente, después, antes de, puesto que, cuando]
> First, then, **af**ter that, **fi**nally, **even**tually, **la**ter on, be**fore** that, while, as soon as, when, at first, in the be**gi**nning, **la**ter on, **even**tually, **fi**nally, **af**ter, be**fore**, since, when.
> Ferst, den, **af**ter dat, **fai**neli, **even**choali, **lei**rer on, bi**foor** dat, waiel, az suun az, wen, at ferst, in de bi**gui**ning, **lei**rer on, **even**choali, **fai**neli, **af**ter, bi**foor**, sins, wen.

> **Énfasis o sorpresa:** [Sorprendentemente, inesperadamente, afortunadamente, desafortunadamente, en realidad, de hecho.]
Sur**pri**singly, un**expec**tedly, **luck**ily, un**for**tunately, **ac**tually, in fact.
Sur**praiz**engli, anek**spec**tedli, **lok**eli, an**for**chunetli, **ak**shueli, in fact.

> **Adición y contraste:** [También, además, sin embargo, aunque, no obstante, entonces, después de eso, a continuación, tan pronto como, mientras, para cuando.]
Also, in ad**di**tion, how**ev**er, al**though**, neverthe**less**, then, **af**ter that, next, as soon as, while, by the time.
Olsou, in a**di**shen, jau**ev**er, ol**dou**, neverde**les**, den, **af**ter dat, nekst, az suun az, waiel, bai de taim.

Tiempos verbales recomendados

Uso de tiempos verbales variados según el tipo de acción:

- Pasado simple → Para eventos principales
- Pasado continuo → Para mostrar acciones en progreso al mismo tiempo que otras ocurren.
- Pasado perfecto → Para mostrar que una acción ocurrió antes de otra en el pasado.
- Presente perfecto → Cuando la historia conecta con el presente o hay consecuencias actuales.

Frases comunes para narrar con énfasis

> [Lo que más me sorprendió fue]
What sur**prised** me the most was
Wat se**praizd** mi de moust waz

KNINGLÉS – NIVEL INTERMEDIO B2

> [La parte más inolvidable fue cuando]
> The most unforgettable part was when
> De moust anforguerabol part waz wen

> [Nunca había visto algo así]
> I had never seen anything like that before.
> Ai jad never siin enizhing laik dat bifoor.

> [Todo empezó cuando]
> It all started when
> It ol starded wen

> [No sabía que]
> Little did i know that
> Lirol did ai nou dat

Información importante

- Tener en cuenta un estilo narrativo natural, es decir, variar las estructuras y longitud de las oraciones, combinar frases breves para dar ritmo y otras más largas para detallar emociones o contexto.

- Uso de adverbios para expresar actitud o tono:
  [Tristemente, felizmente, rápidamente, lentamente, de repente]
  Sadly, **ha**ppily, **qui**ckly, **slow**ly, **su**ddenly
  Sadli, **ja**peli, **cui**kli, **slou**li, **sa**denli

- Elementos narrativos: Introducción breve para situar el momento, lugar o contexto.
  Desarrollo con eventos y emociones principales.
  Cierre que resuma, reflexione o deje una impresión.

Ejemplos

➢ [Todo comenzó cuando recibí una llamada inesperada.]
It all **star**ted when i re**cei**ved an unex**pec**ted call.
It ol **star**ded wen ai ri**siivt** an anex**pec**ted col.

➢ [En ese momento, no sabía lo que me esperaba.]
At that **mo**ment, i **di**dn't know what was **wai**ting for me.
At dat **mou**ment, ai **di**dent nou wat waz **wei**ring for mi.

➢ [Primero, terminé el trabajo que tenía pendiente.]
First, i **fi**nished the work i had **pen**ding.
Ferst, ai **fi**nisht de work ai jad **pen**ding.

➢ [Después de eso, me preparé rápidamente y salí.]
After that, i got **rea**dy **quic**kly and left.
After dat, ai gat **re**di **cui**kli eand left.

➢ [Mientras caminaba hacia la estación, comenzó a llover intensamente.]
While i was **wal**king to the **sta**tion, it **star**ted to rain **hea**vily.
Waiel ai waz **wo**king tu de **stei**shen, it **star**ded tu rein **je**veli.

➢ [Había estado lloviendo toda la mañana sin parar.]
It had been **rai**ning all **mor**ning non - stop.
It jad biin **rein**ing ol **mor**ning non - stap.

➢ [Cuando llegué, el tren ya se había ido.]
By the time i **arri**ved, the train had al**rea**dy left.
Bai de taim ai **arraivd**, de trein jad ol**rre**di left.

> [Así que decidí tomar un taxi en lugar de esperar el siguiente tren.]
So i **deci**ded to take a **ta**xi in**stead** of **wai**ting for the next train.
Sou ai di**sai**red tu teik a **tak**si in**sted** of **wei**ring for de nekst trein.

> [Finalmente llegué al evento, aunque con una hora de retraso.]
I **fi**nally **arri**ved at the **e**vent, al**though** an **ho**ur late.
Ai **fai**neli **arraivd** at di **event**, ol**dou** an **au**er leit.

> [Lo que más me sorprendió fue ver a mi mejor amiga allí.]
What sur**prised** me the most was **see**ing my best friend there.
Wat se**praizd** mi de moust waz **si**ing mai best frend der.

> [No la había visto desde que nos graduamos.]
I **had**n't seen her since we **gra**duated.
Ai **ja**dent siin jer sins wi **gra**yueired.

> [Durante la cena, recordamos viejos tiempos y reímos mucho.]
During **din**ner, we re**called** old times and laughed a lot.
During **di**ner, wi ri**cold** old taimz eand laft a lot.

> [Después de todo lo que pasó, me sentí agradecido de haber ido.]
After **e**verything that **ha**ppened, i felt **grate**ful i had gone.
After **e**vrizhing dat **ja**pend, ai felt **greit**ful ai jad goon.

> [Al final del día, me di cuenta de que había sido una experiencia inolvidable.]
At the end of the day, i **rea**lized it had been an unfor**get**table ex**pe**rience.
At di end of de dei, ai **rie**laizd it jad biin an anfor**gue**rabol ek**spi**riens.

> [Nunca antes había vivido algo tan espontáneo y emocionante.]
I had **ne**ver ex**pe**rienced **any**thing so spon**ta**neous and ex**ci**ting be**fore**.
Ai jad **ne**ver ek**spi**rienst **e**nizhing sou spon**tei**nies eand ek**sai**ring bi**foor**.

> [Había olvidado lo mucho que me gustaban este tipo de aventuras.]
I had for**go**tten how much i en**joy**ed this kind of ad**ven**ture.
Ai jad for**ga**ren jau mach ai en**yoid** dis kaind of ed**ven**cher.

> [Lo más increíble fue que todo sucedió sin planearlo.]
The most a**ma**zing thing was that it all **ha**ppened wi**thout** **pla**nning it.
De moust a**mei**zing zhing waz dat it ol **ja**pend wi**zhaut** **plea**ning it.

> [Justo cuando pensaba que el día no podía mejorar, recibí otra sorpresa.]
Just when i thought the day **cou**ldn't get any **be**tter, i re**ceived** a**no**ther sur**prise**.
Yast wen ai zhoot de dei **cu**dent guet eni **be**rer, ai ri**siivt** a**na**der se**praiz**.

> [Desde entonces, intento estar más abierto a lo inesperado.]
Since then, i've tried to be more **o**pen to the unex**pec**ted.
Sins den, aiv traid tu bi moor **ou**pen tu di anex**pec**ted.

> [Me desperté temprano y noté que algo no estaba bien.]
I woke up **ear**ly and **no**ticed **some**thing **wa**sn't right.
Ai wouk ap **er**li eand **nou**rist **sam**zhing **wa**zent rait.

> [Al principio, pensé que era solo un mal sueño.]
> At first, i thought it was just a bad dream.

At ferst, ai zhoot it waz yast a bad driim.

> [Después de unos minutos, me di cuenta de que no había electricidad.]
> After a few minutes, i realized there was no electricity.

After a fiu minets, ai rielaizd der waz nou electriseri.

> [Como no podía hacer café, decidí salir a buscar uno.]
> Since i couldn't make coffee, i decided to go out for one.

Sins ai cudent meik cofi, ai disaired tu gou aut for wan.

> [Mientras caminaba por la calle, escuché una fuerte explosión.]
> While i was walking down the street, i heard a loud explosion.

Waiel ai waz woking daun de striit, ai jerd a laud eksploushen.

> [En ese momento, todos comenzaron a correr en direcciones distintas.]
> At that moment, everyone started running in different directions.

At dat moument, evriwan starded raning in difrent direkshenz.

> [Resultó que una tubería de gas había explotado.]
> It turned out a gas pipe had exploded.

It ternd aut a gueas paip jad eksploured.

> [Inmediatamente llamaron a los bomberos.]
> The firefighters were called immediately.

De faierfairerz wer cold imirietli.

> [Afortunadamente, nadie resultó herido.]
Fortunately, no one was **in**jured.
Forchenetli, nou wan waz **in**yerd.

> [Más tarde, volví a casa y escribí sobre la experiencia en mi diario.]
Later, i went back home and wrote **a**bout the ex**pe**rience in my **jour**nal.
Leirer, ai went bak joum eand rout **a**baut di ek**spi**riens in mai **yer**nol.

> [Durante la tarde, traté de relajarme viendo una película.]
During the after**noon**, i tried to re**lax** by **wa**tching a **mo**vie.
During di after**nun**, ai traid tu ri**lax** bai **wa**ching a **mu**vi.

> [Sin embargo, no podía dejar de pensar en lo que había pasado.]
How**ev**er, i **coul**dn't stop **thin**king **a**bout what had **ha**ppened.
Jau**ev**er, ai **cu**dent stap **zhin**king **a**baut wat jad **ja**pend.

> [Mientras escribía, me di cuenta de lo frágil que es la rutina diaria.]
While i was **wri**ting, i **rea**lized how **fra**gile **dai**ly rou**tines** can be.
Waiel ai waz **wrai**ring, ai **rie**laizd jau **fra**yail **dei**li ru**tiinz** kean bi.

> [Antes de irme a dormir, llamé a mi familia para contarles.]
Be**fore** go**ing** to sleep, i called my **fa**mily to tell them.
Bi**foor** gou**ing** tu sliip, ai cold mai **fea**meli tu tel dem.

> [Me dijeron que también habían oído las noticias por la radio.]
They told me they had **al**so heard the news on the **ra**dio.
Dei tould mi dei jad **ol**sou jerd de nuuz on de **rei**riou.

> [Al final del día, sentí una mezcla de miedo y alivio.]
At the end of the day, i felt a mix of fear and re**lief**.
At di end of de dei, ai felt a miks of fier eand ri**liif**.

> [Nunca había vivido algo tan intenso en mi vecindario.]
I had **ne**ver ex**pe**rienced **some**thing so in**tense** in my **nei**ghborhood.
Ai jad **ne**ver ek**spi**rienst **sam**zhing sou in**tens** in mai **nei**berjud.

> [Lo más impactante fue la rapidez con la que todo ocurrió.]
The most **sho**cking thing was how **quic**kly everything **ha**ppened.
De moust **sho**king zhing waz jau **cui**kli evrizhing **ja**pend.

> [Desde entonces, siempre reviso que todo esté bien antes de salir.]
Since then, i **al**ways check that **e**verything is fine be**fore go**ing out.
Sins den, ai **ol**weiz chek dat **e**vrizhing iz fain bi**foor gou**ing aut.

> [Ese día me enseñó que incluso lo cotidiano puede volverse extraordinario.]
That day taught me that **e**ven the **or**dinary can be**come** ex**tra**ordinary.
Dat dei tot mi dat **ii**ven di **or**dineri kean bi**cam** ek**stror**dineri.

DESCRIBIR Y EXPRESAR EMOCIONES COMPLEJAS

Expresar emociones complejas en inglés requiere un vocabulario más preciso y estructuras que permitan matizar sentimientos. Estas emociones suelen implicar situaciones personales, laborales o sociales que combinan más de una emoción básica. Además, es importante considerar el contexto cultural, ya que en algunos entornos se tiende a hablar más abiertamente de emociones, mientras que en otros se prefiere moderación o indirectas.

Matices culturales a considerar

En culturas anglosajonas, es común verbalizar emociones incluso en contextos laborales, como:

➤ [Me siento abrumado]
I'm **fee**ling over**whelm**ed
Aim **fii**ling ouver**welm**d

En entornos formales, se puede usar lenguaje más neutro o metafórico como:

➤ [Estoy bajo mucha presión]
I'm **un**der a lot of **pre**ssure.
Aim **an**der a lot of **pre**sher.

Las emociones pueden intensificarse o suavizarse con adverbios:

➤ [Profundamente frustrado, ligeramente esperanzado, totalmente aliviado]
Deeply **frus**trated, **sligh**tly **hope**ful, **to**tally re**lieved**
Dipli **fras**treired, **slait**li **joup**ful, **tou**reli ri**liiv**d

Expresiones útiles

> [Ha sido emocionalmente agotador.]
I can't help **fee**ling...
Ai keant jelp **fii**ling...

> [Soy cautelosamente optimista.]
It's been **emo**tionally **drai**ning.
Its biin **imou**shenoli **drei**ning.

> [No puedo evitar sentir...]
I'm **cau**tiously opti**mi**stic...
Aim **co**shusli opti**mi**stik...

> [Estaba al borde de las lágrimas.]
I was on the verge of tears.
Ai waz on de verch of tierz.

> [Me saqué un gran peso de encima.]
A huge weight was **lif**ted off my **shoul**ders.
A jiuch weit waz **lif**ted of mai **shoul**derz.

Estructuras comunes

Sujeto + verbo to be + emoción compleja

> Ejemplo: [Estoy frustrada.]
I am **frus**trated
Ai eam **fras**treired

Sujeto + verbo + que-cláusula

> Ejemplo: [Sentía que todo se derrumbaba.]
She felt that **e**verything was **fa**lling a**part**.
Shi felt dat **e**vrizhing waz **foo**ling a**part**.

Emociones complejas más usadas en contexto

Emoción	Descripción breve	Matiz cultural
[Frustrado] **Frus**trated **Fras**treired	Sentir bloqueo o impotencia ante un obstáculo	Ambientes competitivos o con presión social
[Abrumado] Over**whelmed** Ouver**welmd**	Abrumado por exceso de tareas, emociones o responsabilidades	Culturas con alta productividad o multitarea
[Esperanzado] **Hope**ful **Joup**ful	Tener expectativas positivas ante una situación	Puede variar según nivel de fe o contexto social
[Aliviado] Re**lieved** Ri**liivd**	Sentir tranquilidad al resolver un problema o duda	En culturas con fuerte ansiedad académica
[Desconcertado] **Puz**zled **Paz**old	Sentirse confundido o sorprendido sin entender por qué	Uso común en contextos interculturales
[Avergonzado] Em**barr**assed Em**berr**est	Sentir vergüenza por errores o normas sociales	Común en países con fuertes reglas de etiqueta
[Humillado] **Humi**liated **Jiumi**lieired	Vergüenza intensa asociada a la dignidad personal	Puede tener mayor impacto en culturas jerárquicas
[Agradecido] **Grate**ful **Greit**ful	Reconocimiento profundo hacia alguien o algo	Culturalmente reforzado en eventos formales
[Envidioso] **En**vious **En**vies	Deseo de tener lo que otro posee	Potenciado por redes sociales o competencia
[Decepcionado] Dis**appoin**ted Dise**poin**ted	Tristeza por expectativas no cumplidas	Muy común en contextos familiares o escolares

Ejemplos

➤ [Me sentí satisfecha después de lograr mediar una discusión entre mis compañeros.]
I felt **sa**tisfied **af**ter **ma**naging to **me**diate an **ar**gument bet**ween** my **co**lleagues.
Ai felt **sa**risfaid **af**ter **mea**neying tu **mi**rieit an **ar**guiument bi**tuiin** mai **co**ligz.

➤ [Estaba angustiado al no recibir noticias de mi familia tras el terremoto.]
I was dis**tress**ed **af**ter not **hea**ring from my **fa**mily **fo**llowing the **earth**quake.
Ai waz dis**trest af**ter not **ji**rring from mai **fea**meli **fo**louing di **erzh**cueik.

➤ [Me sentí emocionada al ver a mi hermano después de tantos años sin vernos.]
I felt **thri**lled to see my **bro**ther **af**ter so **ma**ny years a**part**.
Ai felt **zhri**ld tu sii mai **bra**der **af**ter sou **me**ni yierz a**part**.

➤ [Estaba perplejo cuando me dijeron que mi proyecto había ganado sin haberlo inscrito formalmente.]
I was be**wil**dered when they told me my **pro**ject had won **e**ven though i **ha**dn't **for**mally **re**gistered it.
Ai waz be**wil**derd wen dei tould mi mai **pro**yect jad wan **ii**ven dou ai **ja**dent **for**mali **re**yisterd it.

➤ [Sentí una profunda nostalgia al oler el pan dulce típico de mi infancia.]
I felt deep **nos**talgia when i smelled the sweet bread **ty**pical of my **child**hood.
Ai felt diip **nos**talya wen ai smeld de suit bred **ti**picol of mai **chaild**jud.

➤ [Estaba indignada por la manera en que trataron a los migrantes en la frontera.]
I was **out**raged by the way **mi**grants were **trea**ted at the **bor**der.
Ai waz **aut**reichd bai de wei **mai**grents wer **trii**red at de **bor**der.

➤ [Me sentí apático en la reunión, como si nada de lo que se dijera tuviera importancia.]
I felt apa**the**tic **du**ring the **mee**ting, as if **no**thing **be**ing said **rea**lly **ma**ttered.
Ai felt apa**zhe**rik **du**ring de **mii**ring, az if **na**zhing **bii**ng sed **ri**li **mea**rerd.

➤ [Estaba entusiasmado por empezar mi primer curso como profesor universitario.]
I was **ea**ger to start my first class as a uni**ver**sity **lec**turer.
Ai waz **iig**uer tu start mai ferst clas az a yiune**ver**seri **lek**churer.

➤ [Me sentí avergonzada al cometer un error cultural frente a la familia de mi pareja.]
I felt em**ba**rrassed **af**ter **ma**king a **cul**tural mi**stake** in front of my **part**ner's **fa**mily.
Ai felt em**be**rrest **af**ter **mei**king a **cal**cherol mi**steik** in front of mai **par**nerz **fea**meli.

> [Estaba conmovida por la historia de esa madre que cruzó el desierto con sus hijos.]

I was moved by the **sto**ry of the **mo**ther who crossed the **de**sert with her **chil**dren.

Ai waz muuvd bai de **sto**ri of de **ma**der ju crost de **de**zert wizh jer **chil**dren.

> [Sentí desilusión al ver que el voluntariado en el extranjero no era lo que prometían.]

I felt dis**appoin**ted when i saw that the volun**tee**ring **a**broad **wa**sn't what they had **pro**mised.

Ai felt dise**poin**ted wen ai soo dat de volen**ti**ring **a**brood **wa**zent wat dei jad **pro**mest.

> [Me sentí ansiosa antes de hablar frente a una audiencia completamente en otro idioma.]

I felt **an**xious be**fore spea**king in front of an **au**dience **en**tirely in **a**nother **lang**uage.

Ai felt **eng**shes bi**foor spii**king in front of an **o**riens en**tai**erli in a**na**der **leng**üech.

> [Estaba agradecida cuando el vecino me ayudó a cargar mis cosas sin pedírselo.]

I was **grate**ful when my **nei**ghbor helped me **ca**rry my things wi**thout be**ing asked.

Ai waz **greit**ful wen mai **nei**ber jelpt mi **ke**rri mai zhingz wi**zhaut bi**ing askt.

> [Me sentí culpable por no haberle contestado a mi abuela antes de que falleciera.]
I felt **guil**ty for not re**ply**ing to my **grand**mother be**fore** she passed a**way**.
Ai felt **guil**ti for not ri**pla**ing tu mai **greand**mader bi**foor** shi past a**wei**.

> [Estaba desconcertada porque todos actuaban como si nada, aun después del despido del jefe.]
I was **pu**zzled be**cause** **e**veryone **ac**ted like **no**thing had **ha**ppened, **e**ven **af**ter the boss was **fi**red.
Ai waz **pa**zold bi**coz** **e**vriwan **ac**ted laik **na**zhing jad **ja**pend, **ii**ven **af**ter de bos waz **fai**erd.

> [Me sentí apoyado al ver que mis colegas defendieron mi propuesta.]
I felt su**por**ted when i saw that my **co**lleagues stood up for my pro**po**sal.
Ai felt se**por**ded wen ai soo dat mai **co**ligz stud ap for mai pro**pou**zol.

> [Estaba inspirada después de escuchar a la artista hablar de su proceso creativo.]
I was ins**pi**red **af**ter **hea**ring the **ar**tist speak a**bout** her creative **pro**cess.
Ai waz ins**pai**erd **af**ter **ji**rring di **ar**tist spiik a**baut** jer cri**ei**riv **pro**ses.

➤ [Sentí una mezcla de repulsión y tristeza al ver las noticias de la guerra.]
I felt a mix of **revul**sion and **sad**ness when i watched the news **ab**out the war.
Ai felt a miks of ri**vol**shen eand **sad**nes wen ai wacht de nuuz a**baut** de woor.

➤ [Me sentí afligido por la pérdida repentina de mi mentor.]
I felt grief - **stri**cken by the **su**dden loss of my **men**tor.
Ai felt griif - **stri**ken bai de **sa**den loos of mai **men**tor.

➤ [Estaba expectante ante la posibilidad de obtener la beca que tanto deseaba.]
I was **hope**ful **ab**out the possi**bili**ty of **get**ting the **scho**larship i had dreamed of.
Ai waz **joup**ful a**baut** de pose**bile**ri of **gue**ring de **ska**lership ai jad driimd of.

➤ [Sentí serenidad al meditar frente al mar al amanecer.]
I felt serenity while **me**ditating by the sea at **sun**rise.
Ai felt **serre**neri waiel **me**reteiring bai de sii at **san**raiz.

➤ [Estaba irritada por los comentarios machistas que escuché durante la reunión.]
I was **irri**tated by the **sex**ist re**marks** i heard **du**ring the **mee**ting.
Ai waz **irre**teired bai de **sek**sist ri**marks** ai jerd **du**ring de **mii**ring.

➤ [Estaba orgullosa cuando mi hija defendió a su compañera en la escuela.]
I felt proud when my **daugh**ter stood up for her **clas**smate at school.
Ai felt praud wen mai **do**rer stud ap for jer **clas**meit at scuul.

➤ [Me sentí inseguro cuando no entendía las normas sociales del país al que me mudé.]
I felt **in**secure when i **coul**dn't under**stand** the **so**cial norms of the **coun**try i had moved to.
Ai felt **in**sekiur wen ai **cu**dent ander**steand** de **sou**shol normz of de **can**tri ai jad muuvd tu.

➤ [Sentí una gran impotencia al no poder ayudar durante el accidente.]
I felt a deep sense of **hel**plessness at not **be**ing **a**ble to help **du**ring the **ac**cident.
Ai felt a diip sens of **jel**plesnes at not **bi**ing **ei**bol tu jelp **du**ring di **ax**ident.

➤ [Me sentí tranquila al saber que mi hermano había llegado bien después del viaje.]
I felt calm **kno**wing my **bro**ther had **arr**ived **sa**fely **af**ter his trip.
Ai felt calm **nou**ing mai **bra**der jad **arr**aivd **sei**fli **af**ter jiz trip.

➤ [Estaba avergonzado por no saber cómo comportarme en una cena formal japonesa.]
I felt a**shamed** for not **kno**wing how to be**have** **du**ring a **for**mal **ja**pa**nese** **di**nner.
Ai felt a**sheimd** for not **nou**ing jau tu bii**jeiv** **du**ring a **for**mol **ya**pa**niiz** **di**ner.

➤ [Sentí compasión por la mujer que pedía limosna con su hijo dormido en brazos.]
I felt com**pa**ssion for the **wo**man **be**gging with her **slee**ping child in her arms.
Ai felt com**pa**shen for de **wu**men **be**guin wizh jer **slii**ping chaield in jer armz.

> [Estaba desbordada emocionalmente por la cantidad de decisiones importantes que debía tomar en poco tiempo.]

I was **emo**tionally drained by the **num**ber of im**por**tant de**ci**sions i had to make in a short time.

Ai waz i**mou**shenoli dreind bai de **nam**ber of im**por**tent de**si**shenz ai jad tu meik in a shoort taim.

> [Sentí satisfacción al ver que todo el equipo celebraba el éxito colectivo y no solo individual.]

I felt ful**fill**ment **see**ing that the whole team was **ce**lebrating the suc**cess** col**lec**tively, not indi**vi**dually.

Ai felt ful**fil**ment **si**ing dat de joul tiim waz **se**lebreiring de **sek**ses co**lec**tevli, not indi**vi**yuoli.

> [Me sentí frustrado cuando no entendieron mi punto en la reunión, a pesar de explicarlo con calma.]

I felt **frus**trated when they **di**dn't under**stand** my point in the **mee**ting, **even af**ter i ex**plained calm**ly.

Ai felt **fras**treired wen dei **di**dent ander**stead** mai point in de **mii**ring, **ii**ven **af**ter ai ek**spleind cam**li.

> [Estaba abrumada por la cantidad de tareas que me asignaron sin previo aviso.]

I was over**whelmed** by the **a**mount of tasks as**signed** to me wi**thout** any **war**ning.

Ai waz ouver**welmd** bai di **a**maunt of tasks a**saint** tu mi wi**zhaut** eni **wor**ning.

> [Se sintió esperanzado al ver que sus hijos podían estudiar gracias a la beca.]

He felt **hope**ful **see**ing that his **chil**dren could **stu**dy thanks to the **scho**larship.

Ji felt **joup**ful **si**ing dat jiz **chil**dren cud **sta**ri zhenks tu de **ska**lership.

> [Me sentí aliviada cuando el médico dijo que no era nada grave.]
I felt **re**l**ie**ved when the **doc**tor said it **wa**sn't anything **se**rious.
Ai felt ri**liivd** wen de **dac**ter sed it **wa**zent e**ni**zhing **si**ries.

> [Estaban desconcertados por la reacción tan fría del jefe al dar una buena noticia.]
They were **pu**zzled by the **bo**ss's cold re**ac**tion to good news.
Dei wer **pa**zold bai de **bo**sez could ri**ac**shen tu gud nuuz.

> [Se sintió humillado cuando corrigieron su pronunciación frente a toda la clase.]
He felt hu**mi**liated when they co**rrec**ted his pronunci**a**tion in front of the whole class.
Ji felt jiu**mi**lieired wen dei co**rrec**ted jiz pronansi**ei**shen in front of de joul clas.

> [Me sentí agradecida cuando la familia me incluyó en su cena tradicional de Año Nuevo.]
I felt **grate**ful when the **fa**mily in**clu**ded me in their tra**di**tional new year's **di**nner.
Ai felt **greit**ful wen de **fea**meli in**clu**red mi in der tre**di**shenol niu yierz **di**ner.

> [Sentí envidia cuando vi cómo lograba expresarse con tanta seguridad.]
I felt **en**vious when i saw how **con**fidently she could ex**press** her**self**.
Ai felt **en**vies wen ai soo jau **con**fidentli shi cud ek**spres** jer**self**.

148

DEBATES Y ARGUMENTOS SIMPLES

Expresar opiniones, dar argumentos simples, estar en desacuerdo de forma respetuosa y estructurar ideas es útil en varios contextos como conversaciones, clases, discusiones formales o informales.
Es importante **usar frases de cortesía, conectores lógicos y estructuras claras** para mantener un tono adecuado y evitar malentendidos.

Puntos clave

- Aprender a estructurar un argumento con una **idea principal, razón, ejemplo y conclusión.**

- Usar frases comunes para expresar opiniones de forma respetuosa.

- Saber cómo estar en desacuerdo sin sonar ofensivo.

- Utilizar conectores como por ejemplo:

    > [Sin embargo, porque, aunque, en mi opinión, por ejemplo, en realidad, por otro lado]
    > However, be**cause**, al**though**, in my **o**pinion, for **exam**ple, **ac**tually, on the **o**ther hand.
    > Jau**e**ver, bi**coz**, ol**dou**, in mai **o**pinien, for eg**zeam**pol, **ak**shueli, on di **o**der jeand.

Estructura básica de un argumento

Parte del argumento	Ejemplo
1. Idea principal	[Creo que el transporte público debería ser gratuito.] I be**lieve** that **pub**lic **trans**port should be free. Ai bi**liiv** dat **pa**blik **trean**sport shud bi frii.
2. Razón o justificación	[Porque reduciría la contaminación y el tráfico.] Be**cause** it would re**duce** po**llu**tion and **traf**fic. Bi**coz** it wud ri**dus** po**lu**shen eand **trea**fik.
3. Ejemplo o evidencia	[Por ejemplo, en algunas ciudades como Tallin, funciona.] For ex**am**ple, in some **ci**ties like **Ta**llinn, it works. For eg**zeam**pol, in sam **ci**riz laik **Ta**len, it works.
4. Conclusión o resumen	[Por eso creo que sería una buena idea.] That's why i think it would be a good i**de**a. Dats wai ai zhink it wud bi a gud ai**dia**.

Frases de cortesía para expresar opiniones

Estas frases permiten expresar opiniones de manera educada, sin parecer agresivo o imponer el punto de vista.

➢ [Creo que] I **be**lieve that Ai bi**liiv** dat	➢ [En mi opinión] In my **o**pinion In mai **o**pinien
➢ [¿Puedo sugerir que...?] May i su**ggest** that Mei ai sa**yest** dat	➢ [Con todo respeto] With all due res**pect** Wizh ol du ris**pect**
➢ [Entiendo tu punto, pero] I see your point, but Ai sii yior point, bat	➢ [Desde mi punto de vista] From my pers**pec**tive From mai pers**pek**tiv

➢ [Respeto tu opinión, sin embargo]
I res**pect** your **o**pinion, how**e**ver
Ai ris**pect** yior **o**pinien, jau**e**ver

Conectores lógicos para estructurar argumentos y contraargumentos

To add information:
➢ [Además, adicionalmente, es más, también]
Furthermore, in **add**ition, more**o**ver, **al**so
Ferdermor, in **a**dishen, mo**rou**ver, **ol**sou

To contrast:
➢ [Sin embargo, no obstante, por otro lado, aunque]
How**e**ver, neverthe**less**, on the **o**ther hand, al**though**
Jau**e**ver, neverde**les**, on di **o**der jeand, ol**dou**

To give examples:
➤ [Por ejemplo, por ejemplo (más formal), tal como]
For **ex**ample, for **in**stance, such as
For eg**zeam**pol, for **in**stens, sach az

To conclude:
➤ [Por lo tanto, en conclusión, como resultado]
Therefore, in con**clu**sion, as a re**sult**
Derfor, in ken**clu**shen, az a ri**solt**

Ejemplos de argumentos simples

➤ [En mi opinión, los deberes escolares deberían ser más cortos, porque los estudiantes también necesitan descansar.]
In my **o**pinion, **home**work should be **shor**ter be**cause stu**dents **al**so need time to rest.
In mai **o**pinien, **joum**work shud bi **shor**ter bi**coz stu**dents **ol**sou niid taim tu rest.

➤ [Estoy de acuerdo en que la tecnología ayuda, pero también crea distracciones en clase.]
I a**gree** that tech**no**logy helps, but it **al**so cre**ates** dis**trac**tions in class.
Ai a**grii** dat tec**no**loyi jelps, bat it **ol**sou cri**eits** dis**trak**shenz in clas.

➤ [Veo tu punto, pero creo que el uniforme escolar limita la individualidad.]
I see your point, but i think school **u**niforms **li**mit individuality.
Ai sii yior point, bat ai zhink scuul **yiu**niformz **li**mit indiviyu**a**leri.

➢ [Personalmente, creo que los animales no deberían estar en los circos. Es cruel y antinatural.]
Personally, i be**lie**ve animals **shoul**dn't be in **cir**cuses. It's cruel and un**nat**ural.
Personali, ai bi**liiv** e**a**nemolz **shu**rent bi in **ser**kesez. Its cruol eand an**na**chrol.

➢ [Entiendo lo que dices, sin embargo, muchas personas no tienen otra opción que usar el coche.]
I under**stand** what you're **say**ing, however, **ma**ny **pe**ople have no choice but to use a car.
Ai ander**steand** wat yiuor **sei**ing, jauever, **me**ni **pii**pol jav nou chois bat tu yiuz a car.

➢ [Creo que es mejor trabajar en equipo porque se logran más ideas.]
I think it's **bet**ter to work in a team be**cause** more i**de**as are **ge**nerated.
Ai zhink its **be**rer tu work in a tiim bi**coz** moor ai**di**az ar **ye**nereired.

➢ [Ese es un buen punto, pero en realidad, muchas veces trabajar solo es más eficiente.]
That's a good point, but **ac**tually, **wor**king a**lone** is **of**ten more **ef**fi**cient**.
Dats a gud point, bat **ak**shueli, **wor**king a**loun** iz **o**fen moor e**fish**ent.

➢ [Por ejemplo, en mi país, la educación pública tiene muchas limitaciones.]
For e**xam**ple, in my **coun**try, **pu**blic edu**ca**tion has **ma**ny limi**ta**tions.
For eg**zeam**pol, in mai **can**tri, **pa**blik eyu**kei**shen jaz **me**ni limi**tei**shenz.

> [Desde mi punto de vista, los exámenes no son la mejor forma de evaluar el conocimiento.]

From my point of view, ex**ams** are not the best way to e**va**luate **know**ledge.

From mai point of viu, eg**zeamz** ar not de best wei tu i**va**liueit **no**lech.

> [Mientras que algunas personas prefieren vivir en ciudades, otras valoran más el campo.]

While some **pe**ople pre**fer li**ving in **ci**ties, **o**thers **va**lue the **coun**tryside more.

Waiel sam **pii**pol pre**fer li**ving in **ci**riz, **a**derz **va**liu de **can**trisaid moor.

> [Creo que deberíamos reducir el uso del coche porque contamina el medio ambiente.]

I think we should re**duce** car **u**sage be**cause** it po**llu**tes the en**vi**ronment.

Ai zhink wi shud ri**dus** car **yiu**sech bi**coz** it pol**uts** di en**vai**renment.

> [Aprender otro idioma puede abrir muchas oportunidades laborales.]

Learning a**no**ther **lang**uage can **o**pen **ma**ny job oppor**tu**nities.

Lerning a**na**der **leng**üech kean **ou**pen **me**ni yaab aper**tu**neriz.

> [La tecnología facilita la comunicación entre personas de todo el mundo.]

Tech**no**logy makes communi**ca**tion **ea**sier bet**ween pe**ople all **o**ver the world.

Tec**no**loyi meiks comiuni**kei**shen **iiz**ier bi**tuiin pii**pol ol **ou**ver de world.

➤ [El ejercicio regular mejora tanto la salud física como mental.]
Regular exercise improves both physical and mental health.
Reguiuler eksersaiz impruuvz bouzh fisicol eand mentol jelzh.

➤ [Usar energía solar puede ayudarnos a ahorrar dinero a largo plazo.]
Using solar energy can help us save money in the long run.
Yiuzing souler eneryi kean jelp as seiv mani in de long ran.

➤ [Leer libros desarrolla la imaginación y la empatía.]
Reading books develops imagination and empathy.
Riiring buks divelops imayeneishen eand empazhi.

Ejemplos para expresar opinión con cortesía:

➤ [En mi opinión, deberíamos invertir más en energías renovables.]
In my opinion, we should invest more in renewable energy.
In mai opinien, wi shud invest moor in rinuebol eneryi.

➤ [Desde mi punto de vista, la educación debería ser gratuita para todos.]
From my perspective, education should be free for everyone.
From mai perspektiv, eyukeishen shud bi frii for evriwan.

➤ [Yo diría que es importante respetar todas las religiones.]
I'd say it's important to respect all religions.
Aid sei its importent tu rispect ol reliyenz.

➤ [Con todo respeto, no estoy de acuerdo con ese planteamiento.]
With all due respect, i disagree with that approach.
Wizh ol du rispect, ai disegrii wizh dat aprouch.

> [En mi opinión, podríamos considerar otra alternativa que beneficie a todos.]
In my **opin**ion, we could con**sid**er a**no**ther al**ter**native that **bene**fits **ev**eryone.
In mai o**pin**ien, wi cud ken**sir**er a**na**der al**ter**neriv dat **bene**fits **ev**riwan.

> [Creo que tal vez haya una mejor manera de abordar este problema.]
I be**lieve** there might be a **bet**ter way to a**pproach** this **is**sue.
Ai bi**liiv** der mait bi a **be**rer wei tu a**prouch** dis **is**hu.

> [A mi parecer, esta opción tiene más ventajas que desventajas.]
From my point of view, this **op**tion has more ad**van**tages than disad**van**tages.
From mai point of viu, dis **op**shen jaz moor ed**vean**teyez dean disa**vean**teyez.

> [Si me lo permites, me gustaría compartir una idea diferente.]
If you don't mind, i'd like to share a **di**fferent i**dea**.
If yiu dount maind, aid laik tu sher a **di**frent ai**dia**.

> [Con todo respeto, no estoy totalmente de acuerdo con esa afirmación.]
With all due res**pect**, i don't **fu**lly a**gree** with that **state**ment.
Wizh ol du ris**pect**, ai dount **fu**li a**grii** wizh dat **steit**ment.

> [Desde mi perspectiva, deberíamos enfocarnos en lo más urgente.]
From my per**spec**tive, we should **fo**cus on the most **ur**gent **mat**ter.
From mai per**spek**tiv, wi shud **fou**kes on de moust **er**yent **ma**rer.

> [Personalmente, pienso que deberíamos esperar un poco antes de decidir.]
Personally, i think we should wait a bit be**fore** de**ci**ding.
Personali, ai zhink wi shud weit a bit bi**foor** di**sai**ring.

Ejemplos para contraargumentar:

➤ [Entiendo tu punto, pero no creo que sea la mejor solución.]
I see your point, but i don't think it's the best solution.
Ai sii yior point, bat ai dount zhink its de best solushen.

➤ [Respeto tu opinión, sin embargo, los datos muestran otra cosa.]
I respect your opinion, however, the data shows otherwise.
Ai rispect yior opinien, jauever, de deira shouz oderwaiz.

➤ [Puede ser cierto en algunos casos, aunque hay muchas excepciones.]
That may be true in some cases, although there are many exceptions.
Dat mei bi truu in sam keisez, oldou der ar meni eksepshenz.

➤ [Es válido lo que dices, pero también hay que considerar el contexto económico.]
What you say is valid, but we must also consider the economic context.
Wat yiu sei iz vealid, bat wi mast olsou kensirer di economik context.

➤ [Ese argumento tiene sentido, pero hay estudios que lo contradicen.]
That argument makes sense, but there are studies that contradict it.
Dat arguiument meiks sens, bat der ar stariz dat contredict it.

➤ [Puede que tengas razón en parte, aunque también hay que considerar los riesgos.]
You may be right to some extent, although we also need to consider the risks.
Yiu mei bi rait tu sam ekstent, oldou wi olsou niid tu kensirer de risks.

> [Es un argumento válido, sin embargo, no se aplica en todos los casos.]
That's a **va**lid **ar**gument, how**ev**er, it **do**esn't **ap**ply to all situ**a**tions.
Dats a **vea**lid **ar**guiument, jau**ev**er, it **da**zent a**plai** tu ol situ**ei**shenz.

> [De acuerdo, aunque no debemos olvidar que hay otras prioridades también.]
A**greed**, al**though** we **shoul**dn't for**get** that there are **o**ther pri**o**rities too.
A**griid**, ol**dou** wi **shu**rent for**guet** dat der ar **o**der prai**o**reriz tuu.

> [Comprendo tu opinión, pero creo que hay otros factores importantes en juego.]
I under**stand** your o**pin**ion, but i be**lieve** there are **o**ther im**por**tant **fac**tors in**volved**.
Ai ander**steand** yior o**pin**ien, bat ai bi**liiv** der ar **o**der im**por**tent **fac**torz in**volvt**.

> [Ese punto es interesante, sin embargo, puede generar consecuencias negativas.]
That point is **in**teresting, how**ev**er, it could lead to **ne**gative **con**sequences.
Dat point iz **in**tresting, jau**ev**er, it cud liid tu **ne**gariv **con**secuensez.

> [Aunque tu idea tiene sentido, me parece más efectivo enfocarnos en soluciones prácticas.]
Al**though** your i**dea** makes sense, i think it's more e**ffec**tive to **fo**cus on **prac**tical so**lu**tions.
Ol**dou** yior ai**dia** meiks sens, ai zhink its moor e**fec**tiv tu **fou**kes on **prac**ticol so**lu**shenz.

ESTRATEGIAS DE PERSUASIÓN Y NEGOCIACIÓN

Saber persuadir y negociar en inglés ayuda a comunicar ideas de forma clara y convincente, especialmente en conversaciones donde hay que llegar a acuerdos, tomar decisiones o resolver conflictos. Este tipo de lenguaje se usa en contextos como reuniones, debates, propuestas laborales, ventas o incluso en situaciones cotidianas como organizar planes con amigos.

Es común usar tiempos verbales modales como **would, could, might, should,** y también condicionales. Además, el vocabulario suele incluir expresiones suaves, frases que muestran apertura al diálogo y conectores que guían el razonamiento (como **so, but, however, on the other hand**).

Información importante que los estudiantes deben conocer

- **El tono importa:** La persuasión efectiva no se trata solo de las palabras, sino del tono. Un tono amigable, firme pero flexible, genera mejores resultados.

- **Diferencias culturales:** En algunos contextos como el anglosajon, es más común el uso de lenguaje directo pero cortés. En otros, como el asiático o latino, se valoran más las fórmulas indirectas y diplomáticas.

Tiempos verbales más comunes

Presente simple: Para verdades generales o propuestas claras. Ejemplo:

> [Creo que necesitamos probar un enfoque diferente.]

I think we need to try a **diff**erent **app**roach.

Ai zhink wi niid tu trai a **dif**rent a**prouch**.

Condicionales (tipo 1 y 2): Para sugerencias y consecuencias. Ejemplo:

> [Si reducimos el precio, más gente lo compraría.]

If we re**duce** the price, more **pe**ople would buy it.

If wi ri**dus** de prais, moor **pii**pol wud bai it.

Futuro (will/might/could): Para hablar de beneficios o resultados futuros. Ejemplo:

> [Esta solución podría aumentar nuestra productividad.]

This sol**u**tion might in**c**rease **o**ur produc**ti**vity.

Dis sol**u**shen mait in**c**riis **au**er proudac**ti**veri.

Vocabulario útil

[Convencer]	[Negociar]
To per**suade** / con**vince**	To ne**go**tiate
Tu per**sueid** / ken**vins**	Tu ne**gou**shieit

[Propuesta]	[Beneficio]
Pro**po**sal / **sugges**tion	Ad**van**tage / **be**nefit
Pro**pou**zol / sa**yes**chen	Ed**vean**tech / **be**nefit

[Riesgo]	[Alternativa]
Risk	Al**ter**native
Risk	Al**ter**neriv

[Acuerdo]
Agreement
Agriiment

[Solución viable]
Feasible **solu**tion
Fizebol **solu**shen

Frases útiles para persuadir, proponer e influir:

➢ [¿Y si probáramos...?]
What **if** we tried ...?
Wat **if** wi traid ...?

➢ [¿Has considerado...?]
Have you con**si**dered ...?
Jav yiu ken**si**derd ...?

➢ [Quizás quieras...]
You may want to ...
Yiu mei want tu ...

➢ [Podría ser una buena idea...]
It might be a good **idea** to ...
It mait bi a gud ai**dia** tu ...

➢ [Creo que esto nos beneficiaría a todos.]
I be**lieve** this would **be**nefit us all.
Ai bi**liiv** dis wud **be**nefit as ol.

➢ [Desde mi punto de vista, esta parece una mejor opción.]
From my per**spec**tive, this seems like a **bet**ter **op**tion.
From mai per**spek**tiv, dis siimz laik a **be**rer **op**shen.

➢ [Una posible solución podría ser...]
One **po**ssible **solu**tion could be ...
Wan **pa**sebol **solu**shen cud bi ...

➢ [Entiendo perfectamente tu punto, pero...]
I com**plete**ly under**stand** your point, but ...
Ai com**plit**li ander**stead** yior point, bat ...

Ejemplos

Frases útiles para convencer a alguien o persuadirlo:

➤ [Estoy seguro de que esta opción nos beneficiará a todos.]
I'm **con**fident this **op**tion will **be**nefit all of us.
Aim **con**fident dis **op**shen wil **be**nefit ol of as.

➤ [Si lo piensas bien, tiene mucho sentido hacerlo de esta manera.]
If you think a**bout** it, it **rea**lly makes sense to do it this way.
If yiu zhink a**baut** it, it **ri**li meiks sens tu du it dis wei.

➤ [Podríamos lograr mejores resultados si aplicamos este método.]
We could a**chieve be**tter re**sults** if we a**pply** this **me**thod.
Wi cud a**chiv be**rer ri**solts** if wi a**plai** dis **me**zhed.

➤ [Lo he probado antes y funcionó muy bien.]
I've tried it be**fore** and it worked **ve**ry well.
Aiv traid it bi**foor** eand it workt **ve**ri wel.

➤ [Estoy convencido de que esta solución es la más efectiva.]
I'm con**vinced** this **so**lution is the most e**ffec**tive.
Aim ken**vinst** dis **so**lushen iz de moust e**fec**tiv.

➤ [Vale la pena intentarlo, no tenemos nada que perder.]
It's worth **try**ing, we have **no**thing to lose.
Its worzh **trai**ng, wi jav **na**zhing tu luuz.

➤ [No es solo mi opinión, muchos expertos coinciden con esta idea.]
It's not just my o**pi**nion, **ma**ny ex**perts** a**gree** with this i**dea**.
Its not yast mai o**pi**nien, **me**ni ek**sperts** a**grii** wizh dis ai**dia**.

➤ [Piénsalo un momento, tiene sentido si lo analizas bien.]
Think a**bout** it for a **se**cond, it makes sense if you look at it **clo**sely.
Zhink a**baut** it for a **se**kend, it meiks sens if yiu luk at it **clou**sli.

➤ [Lo que propongo no solo es más práctico, sino también más rentable.]
What i'm **sugges**ting is not **on**ly more **prac**tical, but **al**so more cost - **effec**tive.
Wat aim **sagyes**ting iz not **on**li moor **prac**ticol, bat **ol**sou moor cost - **efec**tiv.

➤ [Muchos otros ya lo están haciendo con buenos resultados.]
Many **o**thers are al**rea**dy **do**ing it with good re**sults**.
Meni **a**derz ar ol**rre**di **du**ing it wizh gud ri**solts**.

➤ [No perdemos nada con intentarlo, ¿verdad?]
We have **no**thing to lose by **try**ing, right?
Wi jav **na**zhing tu luuz bai **tra**ing, rait?

➤ [Si te pones en mi lugar, verás por qué lo estoy diciendo.]
If you put your**self** in my shoes, you'll see why i'm **say**ing this.
If yiu put yior**self** in mai shuuz, yiul sii wai aim **sei**ing dis.

➤ [Los beneficios a largo plazo superan cualquier riesgo inicial.]
The long - term **be**nefits out**weigh a**ny **i**nitial risks.
De long - term **be**nefits aut**wei e**ni i**ni**shol risks.

Frases para proponer alternativas:
Útiles cuando se quiere sugerir otra solución de forma diplomática.

➤ [Quizás podríamos considerar un enfoque diferente.]
Maybe we could con**si**der a **di**fferent **a**pproach.
Meibi wi cud ken**si**rer a **di**frent **a**prouch.

➤ [Otra posibilidad sería cambiar los plazos.]
A**no**ther possi**bi**lity would be to change the **dead**lines.
A**na**der pose**bi**leri wud bi tu cheinch de **ded**lainz.

➢ [¿Qué opinas de hacer esto en fases, paso a paso?]
What do you think **about do**ing this in **pha**ses, step by step?
Wat du yiu zhink **abaut du**ing dis in **fei**zez, step bai step?

➢ [Tal vez podríamos combinar ambas ideas.]
Maybe we could com**bine** both i**de**as.
Meibi wi cud com**bain** bouzh ai**di**az.

➢ [En lugar de eso, podríamos intentar algo menos arriesgado.]
In**stead** of that, we could try **some**thing less **ris**ky.
In**sted** of dat, wi cud trai **sam**zhing les **ris**ki.

➢ [Hay una alternativa que podría ser más económica y eficaz.]
There is an al**ter**native that could be more cost - **effec**tive and ef**fi**cient.
Der iz an al**ter**neriv dat cud bi moor cost - e**fec**tiv eand e**fish**ent.

➢ [¿Qué te parecería si consideramos otra opción?]
How **about** we con**si**der a**no**ther **op**tion?
Jau a**baut** wi ken**si**rer a**na**der **op**shen?

➢ [Si eso no funciona para ti, podríamos hacer esto en su lugar.]
If that **does**n't work for you, we could do this in**stead**.
If dat **da**zent work for yiu, wi cud du dis in**sted**.

➢ [Quizá esto sea un punto medio aceptable para ambos.]
Maybe this is a fair **mid**dle ground for both of us.
Meibi dis iz a fer **mi**rol graund for bouzh of as.

➢ [Una posibilidad sería dividirlo en dos partes.]
One possi**bi**lity could be to split it **in**to two parts.
Wan pose**bi**leri cud bi tu split it **in**tu tu parts.

> [En vez de eso, podríamos probar algo más sencillo.]
In**stead** of that, we could try **some**thing **sim**pler.
In**sted** of dat, wi cud trai **sam**zhing **sim**pler.

Frases para influir en decisiones / negociar:
Para llegar a acuerdos o modificar condiciones con tacto y estrategia.

> [Estoy dispuesto a ceder en esto si tú también lo estás.]
I'm **wil**ling to **com**promise on this if you are too.
Aim **wil**ing tu **com**premaiz on dis if yiu ar tuu.

> [¿Podemos llegar a un punto medio que funcione para ambos?]
Can we find a **mi**ddle ground that works for both of us?
Kean wi faind a **mi**rol graund dat works for bouzh of as?

> [Si hacemos esto, ¿estarías de acuerdo en apoyar mi propuesta?]
If we do this, would you a**gree** to su**pport** my pro**po**sal?
If wi du dis, wud yiu a**grii** tu se**port** mai pro**pou**zol?

> [Podría aceptar esa condición, siempre que se cumpla lo siguiente.]
I could ac**cept** that con**di**tion, as long as the **fo**llowing is met.
Ai cud ak**sept** dat ken**di**shen, az long az de **fo**louing iz met.

> [Podemos negociar, pero necesito asegurarme de que sea justo.]
We can ne**go**tiate, but i need to make sure it's fair.
Wi kean ne**gou**shieit, bat ai niid tu meik shuor its fer.

> [No estoy cerrado a la idea, pero necesito más garantías.]
I'm not a**gainst** the i**de**a, but i need more guaran**tees**.
Aim not a**guenst** di ai**di**a, bat ai niid moor gueren**tiz**.

KNINGLÉS – NIVEL INTERMEDIO B2

➤ [Podemos encontrar una solución que nos beneficie a ambos.]
We can find a **solu**tion that **be**nefits us both.
Wi kean faind a **solu**shen dat **be**nefits as bouzh.

➤ [Antes de tomar una decisión, podrías considerar este punto...]
Be**fore** ma**k**ing a de**ci**sion, you might want to con**si**der this point.
Bi**foor mei**king a de**si**shen, yiu mait want tu ken**si**rer dis point.

➤ [Lo que decidas afectará al equipo entero.]
Wha**t**ever you de**cide** will a**ffect** the whole team.
Wa**r**ever yiu de**said** wil a**fect** de joul tiim.

➤ [Creo que vale la pena pensar en las consecuencias a largo plazo.]
I think it's worth **thin**king **about** the long - term **con**sequences.
Ai zhink its worzh **zhin**king a**baut** de long - term **con**secuensez.

➤ [Tal vez deberías consultar con alguien más antes de decidir.]
Maybe you should check with **som**eone else be**fore** deci**d**ing.
Meibi yiu shud chek wizh **sam**wan els bi**foor** di**sai**ring.

➤ [Tu elección ahora puede abrir muchas puertas más adelante.]
Your choice now could **o**pen **ma**ny doors **la**ter on.
Yior chois nau cud **ou**pen **me**ni dorz **lei**rer on.

➤ [Es importante elegir lo que realmente se alinea con nuestros objetivos.]
It's im**por**tant to choose what **tru**ly a**ligns** with **o**ur goals.
Its im**por**tent tu chuuz wat **truu**li a**lainz** wizh **au**er goulz.

ESCANEA Y APRENDE

Aprende escuchando e imitando los sonidos correctamente

DESCRIBIR SITUACIONES HIPOTÉTICAS

Hablar de situaciones hipotéticas permite expresar lo que haríamos en una situación imaginaria, cómo reaccionaríamos ante ciertas circunstancias o cómo cambiaría el presente si algo fuera diferente. Este tipo de estructuras se utiliza tanto en contextos personales como profesionales, desde tomar decisiones complejas hasta plantear ideas creativas o sugerencias indirectas.

El **Second Conditional** es la estructura gramatical más común para estas situaciones, y suele ir acompañado de expresiones como; **if I were you, I would, imagine if, suppose that,** entre otras.

Tiempos y estructuras más comunes

Función	Estructura	Ejemplo
Condicional tipo 2	If + pasado simple, would + verbo base	[Si tuviera más tiempo, viajaría más.] If i had more time, i would **tra**vel more. If ai jad moor taim, ai wud **tra**vol moor.
Consejo indirecto	If I were you, I would + verbo base	[Si fuera tú, hablaría con él.] If i were you, i would talk to him. If ai wer yiu, ai wud tok tu jim.

Escenario imaginario	**Imagine if / Suppose / What if + pasado simple**	[Imagínate si ganáramos la lotería.] Imagine if we won the lottery. Imayin if wi wan de lareri.
Pregunta hipotética	**What would you do if...?**	[¿Qué harías si perdieras tu trabajo?] What would you do if you lost your job? Wat wud yiu du if yiu lost yior yaab?
Deseo sobre el presente	**I wish + pasado simple**	[Ojalá viviera cerca del mar.] I wish i lived near the sea. Ai wish ai livd nier de sii.

Fórmulas clave

If + sujeto + pasado simple, sujeto + would + verbo base

Sujeto + would + verbo base + if + pasado simple

Suppose / Imagine / What if + pasado simple

Ejemplo:
➢ [Si tuviera más tiempo, aprendería otro idioma.]
If i had more time, i would learn an**o**ther **lang**uage.
If ai jad moor taim, ai wud lern an**a**der **leng**üech.

Ejemplos

**Frases útiles para describir situaciones hipotéticas
Usando Second Conditional:**

➢ [Si viviera cerca del mar, iría a nadar todos los días.]
If i lived near the sea, i would go **swi**mming **e**very day.
If ai livd nier de sii, ai wud gou **sui**ming **e**vri dei.

➢ [Si supiera cómo hacerlo, te ayudaría sin problema.]
If i knew how to do it, i'd help you wi**thout** hesi**ta**tion.
If ai niuu jau tu du it, aid jelp yiu wi**zhaut** jezi**tei**shen.

➢ [Si trabajara desde casa, sería mucho más productivo.]
If i worked from home, i'd be much more pro**duc**tive.
If ai workt from joum, aid bi mach moor pro**dak**tiv.

➢ [Si ella hablara francés, conseguiría el puesto fácilmente.]
If she spoke french, she'd get the job **e**asily.
If shi spouk french, shid guet de yaab **ii**zeli.

➢ [Si no lloviera, organizaríamos el evento al aire libre.]
If it **di**dn't rain, we'd hold the **e**vent **out**doors.
If it **di**dent rein, wid jould di **e**vent **aut**doorz.

➢ [Si pudiera elegir, me mudaría a otro país.]
If i could choose, i'd move to a**no**ther **coun**try.
If ai cud chuuz, aid muuv tu a**na**der **can**tri.

➢ [Si no costara tanto, lo compraría ahora mismo.]
If it **we**ren't so ex**pen**sive, i'd buy it right now.
If it **we**rent sou ek**spen**siv, aid bai it rait nau.

Usando Would rather / Would prefer:

➤ [Preferiría quedarme en casa que salir con lluvia.]
I'd **ra**ther stay home than go out in the rain.
Aid **ra**der stei joum dean gou aut in de rein.

➤ [Preferiría que lo habláramos en persona.]
I'd pre**fer** that we talk a**bout** it in **per**son.
Aid pre**fer** dat wi tok a**baut** it in **per**son.

➤ [Preferirías estudiar en línea o asistir a clases?]
Would you **ra**ther **stu**dy on**line** or at**tend** in **per**son?
Wud yiu **ra**der **sta**ri on**lain** or a**tend** in **per**son?

➤ [Preferiría que no mencionaras ese tema ahora.]
I'd **ra**ther you **di**dn't bring that up right now.
Aid **ra**der yiu **di**dent bring dat ap rait nau.

➤ [Preferiría vivir en el campo que en una ciudad grande.]
I'd pre**fer li**ving in the **coun**tryside to **li**ving in a big **ci**ty.
Aid pre**fer li**ving in de **can**trisaid tu **li**ving in a big **ci**ri.

Frases para imaginar escenarios:

➤ [Imagínate si los humanos pudieran comunicarse con los animales.]
I**ma**gine if **hu**mans could com**mu**nicate with **a**nimals.
I**ma**yin if **jiu**menz cud co**miu**nikeit wizh **ea**nemolz.

➤ [¿Y si el internet dejara de funcionar por un mes?]
What if the **in**ternet stopped **wor**king for a month?
Wat if di **in**ernet stapt **wor**king for a manzh?

› [Supón que todos los países hablaran el mismo idioma.]
Suppose all **coun**tries spoke the same **lang**uage.
Sepouz ol **can**triz spouk de seim **leng**üech.

› [¿Qué pasaría si los autos pudieran volar como aviones?]
What would **ha**ppen if cars could fly like planes?
Wat wud **ja**pen if carz cud flai laik pleinz?

› [¿Y si los exámenes fueran opcionales en las escuelas?]
What if ex**ams** were **op**tional in schools?
Wat if eg**zeamz** wer **op**shenol in scuulz?

› [¿Qué pasaría si la gravedad desapareciera por un día?]
What would **ha**ppen if **gra**vity disa**ppea**red for one day?
Wat wud **ja**pen if **gra**viri dise**pierd** for wan dei?

› [Imagínate si todos pudieran leer la mente.]
I**ma**gine if **e**veryone could read minds.
I**ma**yin if **e**vriwan cud riid maindz.

› [¿Y si las mascotas pudieran responder con palabras?]
What if pets could **ans**wer with words?
Wat if pets cud **ean**ser wizh wordz?

› [Supón que el mundo funcionara con energía solar solamente.]
Su**ppose** the world ran **on**ly on **so**lar **e**nergy.
Se**pouz** de world rean **on**li on **sou**ler **e**neryi.

› [¿Qué pasaría si los niños dirigieran el gobierno?]
What would **ha**ppen if kids ran the **go**vernment?
Wat wud **ja**pen if kidz rean de **ga**vernment?

> [Imagínate si la gente pudiera vivir hasta los 200 años.]
Imagine if people could live up to two hundred years.
Imayin if piipol cud liv ap tu tu jandred yierz.

> [¿Y si las estaciones cambiaran cada semana?]
What if the seasons changed every week?
Wat if de siizenz cheinchd evri wiik?

> [Supón que pudiéramos retroceder el tiempo con una máquina.]
Suppose we could turn back time with a machine.
Sepouz wi cud tern bak taim wizh a meshin.

> [¿Y si todos trabajáramos solo cuatro días a la semana?]
What if we all worked only four days a week?
Wat if wi ol workt onli for deiz a wiik?

> [Supón que ganáramos la lotería, ¿qué harías primero?]
Suppose we won the lottery, what would you do first?
Sepouz wi wan de lareri, wat wud yiu du ferst?

> [¿Qué pasaría si nadie revisara los correos importantes?]
What would happen if no one checked the important emails?
Wat wud japen if nou wan chekt di importent imeelz?

> [Imagina que no existieran los teléfonos móviles.]
Imagine there were no mobile phones.
Imayin der wer nou moubol founz.

> [¿Y si no necesitáramos dinero para vivir?]
What if we didn't need money to live?
Wat if wi dident niid mani tu liv?

> [Supón que te ofrecieran ese trabajo en otro país.]
Suppose you were offered that job in another country.
Se**pouz** yiu wer **o**ferd dat yaab in a**na**der **can**tri.

Frases para dar consejos hipotéticos:

> [Si fuera tú, ahorraría antes de tomar esa decisión.]
If i were you, i would save be**fore ma**king that de**ci**sion.
If ai wer yiu, ai wud seiv bi**foor mei**king dat de**si**shen.

> [Si estuviera en tu lugar, aceptaría esa oportunidad sin dudar.]
If i were in your shoes, i'd take that oppor**tu**nity wi**thout** hesi**ta**tion.
If ai wer in yior shuz, aid teik dat apor**tu**neri wi**zhaut** jezi**tei**shen.

> [Yo en tu lugar, hablaría con un especialista cuanto antes.]
If i were you, i would speak to a **spe**cialist as soon as **po**ssible.
If ai wer yiu, ai wud spiik tu a **spe**shalist az suun az **pa**sebol.

> [Si fuera tú, lo intentaría una vez más antes de rendirme.]
If i were you, i'd try one more time be**fore gi**ving up.
If ai wer yiu, aid trai wan moor taim bi**foor gui**ving ap.

> [Yo en tu situación, explicaría todo con total honestidad.]
If i were you, i'd ex**plain e**verything with com**plete ho**nesty.
If ai wer yiu, aid ek**splein e**vrizhing wizh com**pliit o**nesti.

> [Yo en tu posición, me tomaría un descanso para pensar mejor.]
If i were you, i'd take a break to think more **clear**ly.
If ai wer yiu, aid teik a breik tu zhink moor **clir**li.

> [Yo en tu lugar, practicaría más antes de la presentación.]
If i were you, i'd **prac**tice more be**fore** the presen**ta**tion.
If ai wer yiu, aid **prac**tis moor bi**foor** de prezen**tei**shen.

Ejemplos para expresar deseos hipotéticos:

> [Ojalá pudiera viajar por el mundo sin preocuparme por el dinero.]
I wish i could **tra**vel the world wi**thout wo**rrying a**bout mo**ney.
Ai wish ai cud **tra**vol de world wi**zhaut wo**rriing a**baut ma**ni.

> [Si tan solo ella entendiera cuánto me importa.]
If **on**ly she under**stood** how much i care a**bout** her.
If **on**li shi ander**stud** jau mach ai ker a**baut** jer.

> [Ojalá no tuviéramos que trabajar este fin de semana.]
I wish we **di**dn't have to work this **wee**kend.
Ai wish wi **di**dent jav tu work dis **wii**kend.

> [Ojalá mis padres vivieran más cerca para poder visitarlos más seguido.]
I wish my **pa**rents lived **clo**ser so we could **vi**sit more **of**ten.
Ai wish mai **pe**rents livd **clou**ser sou wi cud **vi**zit moor **of**en.

> [Ojalá el clima fuera más cálido; estoy cansado de este frío.]
I wish the **wea**ther were **war**mer; i'm **ti**red of this cold.
Ai wish de **we**der wer **wor**mer; aim **tai**erd of dis could.

> [Si tan solo no viviéramos tan lejos del centro.]
If **on**ly we **di**dn't live so far from the **ci**ty **cen**ter.
If **on**li wi **di**dent liv sou faar from de **ci**ri **cen**ter.

KNINGLÉS – NIVEL INTERMEDIO B2

➢ [Ojalá tuviera más confianza al hablar en público.]
I wish i were more **con**fident **spea**king in **pu**blic.
Ai wish ai wer moor **con**fident **spii**king in **pa**blik.

➢ [Si tan solo no fuera tan terca, podríamos llegar a un acuerdo.]
If **on**ly she **we**ren't so **stu**bborn, we could reach an **agree**ment.
If **on**li shi **we**rent sou **sta**bern, wi cud riich an **agrii**ment.

➢ [Si tan solo la batería de mi teléfono durara más durante el día.]
If **on**ly my phone **ba**ttery **las**ted **lon**ger **du**ring the day.
If **on**li mai foun **ba**reri **las**ted **lon**guer **du**ring de dei.

➢ [Ojalá hubiera más oportunidades para los jóvenes aquí.]
I wish there were more oppor**tu**nities for young **pe**ople here.
Ai wish der wer moor aper**tu**neriz for yang **pii**pol jier.

Si necesitas pulir mejor conceptos más básicos del inglés, te invitamos a echarle un vistazo a nuestra guía **Nivel Intermedio B1,** para que complementes este libro y no te quede ninguna duda en el camino

HABLAR DE SITUACIONES IMAGINARIAS EN EL PASADO

Este tema permite hablar de situaciones que **no ocurrieron en el pasado**, pero sobre las que se quiere **imaginar un resultado diferente**, ya sea para expresar arrepentimiento, hacer una crítica constructiva, o simplemente reflexionar.

Se usa el **Third Conditional** para situaciones irreales en el pasado, cuando ya es demasiado tarde para cambiar el resultado.

¿Por qué es útil el tercer condicional?

El third conditional permite:
- Expresar arrepentimiento o reproche sobre decisiones pasadas.
- Hacer reflexión personal o análisis crítico.
- Desarrollar la empatía, al considerar cómo podrían haber sido diferentes las situaciones.
- Usarse en conversaciones más profundas, formales o con matices emocionales.

Estructura gramatical del Third Conditional

If + past perfect, would have + past participle

Ejemplo:
➢ [Si hubiera estudiado más, habría pasado el examen.]
If i had **stu**died more, i would have passed the e**xam**.
If ai jad **sta**rid moor, ai wud jav past di eg**zeam**.

También puedes usar variantes con **could have o might have** para expresar posibilidad o permiso, por ejemplo:

KNINGLÉS – NIVEL INTERMEDIO B2

> [Ella podría haber ganado si hubiera entrenado más duro.]
She might have won if she had trained **har**der.
Shi mait jav wan if shi jad treind **jar**der.

> [El podría haber dicho la verdad.]
He could have told the truth.
Ji cud jav tould de truzh.

Frases y estructuras útiles

Función	Estructura	Ejemplo
Expresar arrepentimiento	**I wish I had + participio**	[Ojalá hubiera escuchado tu consejo.] I wish i had **lis**tened to your ad**vice**. Ai wish ai jad **lis**end tu yior ed**vais**.
Imaginar un resultado diferente	**If I had + participio, I would have + participio**	[Si hubiera estudiado más, habría aprobado.] If i had **stu**died more, i would have passed. If ai jad **sta**rid moor, ai wud jav past.
Crítica constructiva	**You should have + participio**	[Deberías haber llegado antes.] You should have arrived **ear**lier Yiu shud jav **arraivd er**lier

177

Reflexionar sobre el pasado	**If only I had + participio**	[Si tan solo hubiera dicho la verdad.] If **on**ly i had told the truth. If **on**li ai jad tould de truzh.
Posibilidades perdidas	**We could have / might have + participio**	[Podríamos haber terminado a tiempo.] We could have finished on time. Wi cud jav **fi**nisht on taim.

Información clave para los estudiantes

Variaciones comunes en conversaciones reales:

El orden de las cláusulas puede invertirse; por ejemplo:

➢ [Habría ido si me hubieras invitado.]
I would have gone if you had in**vi**ted me.
Ai wud jav goon if yiu jad in**vai**red mi.

➢ [Si me hubieras invitado, habría ido.]
If you had in**vi**ted me, i would have gone.
If yiu jad in**vai**red mi, ai wud jav goon.

Se puede omitir "if" en inglés hablado al invertir el verbo; por ejemplo:

➢ [De haberlo sabido, habría actuado de otra manera.]
Had i known, i would have **ac**ted **di**fferently.
Jad ai noun, ai wud jav **ac**ted **di**ferentli.

Verbos y expresiones frecuentes con el third conditional

➢ [Lamentar] Re**gret** Ri**gret**	➢ [Desear] Wish Wish
➢ [Debería haber] Should have Shud jav	➢ [Podría haber] Could have / might have Cud jav / mait jav
➢ [Habría sido mejor si...] It would have been **bet**ter if... It wud jav biin **be**rer if...	➢ [Si tan solo...] If **on**ly... If **on**li...

➢ [Preferiría que alguien hubiera...]
I would **ra**ther / i'd **ra**ther (**som**eone) had...
Ai wud **ra**der / aid **ra**der (**sam**wan) jad...

Ejemplos

Frases para expresar arrepentimiento o deseo de haber actuado distinto:

➢ [Ojalá hubiera aprovechado esa oportunidad cuando se presentó.]
I wish i had **ta**ken that oppor**tu**nity when it was **o**ffered.
Ai wish ai jad **tei**ken dat apor**tu**neri wen it waz **o**ferd.

➢ [Si tan solo me hubiera disculpado antes, las cosas estarían mejor ahora.]
If **on**ly i had a**po**logized **ear**lier, things would be **bet**ter now.
If **on**li ai jad a**po**leyaizd **er**lier, zhingz wud bi **be**rer nau.

> [Ojalá hubiéramos pasado más tiempo juntos antes de que se mudara.]
I wish we had spent more time to**ge**ther be**fore** she moved.
Ai wish wi jad spent moor taim tu**gue**der bi**foor** shi muuvd.

> [Si hubiera ahorrado más dinero, no estaría teniendo dificultades ahora.]
If i had saved more **mo**ney, i **wou**ldn't be **stru**ggling now.
If ai jad seivd moor **ma**ni, ai **wu**dent bi **stra**gling nau.

> [Ojalá hubiera sido más paciente con ellos.]
I wish i had been more **pa**tient with them.
Ai wish ai jad biin moor **pei**shent wizh dem.

> [Si tan solo hubiera aceptado esa oferta de trabajo en el extranjero.]
If **on**ly i had **ta**ken that job **o**ffer a**broad**.
If **on**li ai jad **tei**ken dat yaab **o**fer a**brood**.

> [Ojalá no hubiera dicho eso en la reunión.]
I wish i **ha**dn't said that in the **mee**ting.
Ai wish ai **ja**dent sed dat in de **mii**ring.

> [Si hubiera estudiado antes, el examen habría sido más fácil.]
If i had **stu**died **ear**lier, the e**xam** would have been **ea**sier.
If ai jad **sta**rid **er**lier, di eg**zeam** wud jav biin **ii**zier.

> [Ojalá hubiera escuchado tus consejos antes de tomar esa decisión.]
I wish i had **li**stened to your ad**vice** be**fore** ma**ki**ng that de**ci**sion.
Ai wish ai jad **li**send tu yior ed**vais** bi**foor** mei**ki**ng dat de**si**shen.

> [Si hubiera sido más paciente, todo habría salido mejor.]
If i had been more **pa**tient, **e**verything would have gone **be**tter.
If ai jad biin moor **pei**shent, **e**vrizhing wud jav goon **be**rer.

➤ [Habría pedido ayuda si hubiera sabido que era tan complicado.]
I would have asked for help if i had known it was so **com**plicated.
Ai wud jav askt for jelp if ai jad noun it waz sou **com**plikeired.

➤ [Me arrepiento de no haber aprovechado esa oportunidad única.]
I **re**gret not **ha**ving **ta**ken ad**van**tage of that u**ni**que oppor**tu**nity.
Ai ri**gret** not **ja**ving **tei**ken ed**vean**tech of dat yiu**nik** apor**tu**neri.

➤ [Si me hubiera organizado mejor, no habría llegado tarde al evento.]
If i had **ma**naged my time **be**tter, i **wou**ldn't have been late for the **e**vent.
If ai jad **mea**nechd mai taim **be**rer, ai **wu**dent jav biin leit for di **e**vent.

➤ [Habría viajado más si hubiera tenido más confianza en mí mismo.]
I would have **tra**velled more if i had had more self - **con**fidence.
Ai wud jav **tra**vold moor if ai jad jad moor self - **con**fidens.

Frases para hacer crítica constructiva o reflexionar sobre lo ocurrido:

➤ [Deberías haberme dicho la verdad desde el principio.]
You should have told me the truth from the be**gi**nning.
Yiu shud jav tould mi de truzh from de bi**gui**ning.

➤ [Si hubieran pedido ayuda, podríamos haber evitado el problema.]
If they had asked for help, we could have a**voi**ded the **pro**blem.
If dei jad askt for jelp, wi cud jav a**voi**red de **pro**blem.

➤ [Quizás habría tenido éxito si hubiera escuchado los consejos.]
He might have suc**cee**ded if he had **lis**tened to ad**vice**.
Ji mait jav sek**si**red if ji jad **li**send tu ed**vais**.

➤ [Si hubieras revisado tu trabajo, no habrías cometido tantos errores.]
If you had checked your work, you **would**n't have made so **ma**ny mi**stakes**.
If yiu jad chekt yior work, yiu **wu**dent jav meid sou **me**ni mi**steiks**.

➤ [Podrían haber manejado la situación con más calma.]
They could have **han**dled the situation more **calm**ly.
Dei cud jav **jean**dold de situ**ei**shen moor **cam**li.

➤ [Si tan solo me lo hubieran dicho antes, habría ayudado.]
If **on**ly they had told me **ear**lier, i would have helped.
If **on**li dei jad tould mi **er**lier, ai wud jav jelpt.

➤ [Si hubiéramos comunicado mejor, se habría evitado el malentendido.]
If we had comm**u**nicated **be**tter, the misunder**stan**ding could have been a**voi**ded.
If wi jad com**iu**nikeired **be**rer, de misander**stean**ding cud jav biin a**voi**red.

➤ [Quizás deberíamos haber probado otra estrategia desde el inicio.]
Maybe we should have tried a **di**fferent **stra**tegy from the be**gi**nning.
Meibi wi shud jav traid a **di**frent **stra**reyi from de bi**gui**ning.

➤ [Si hubieran escuchado más al equipo, habrían visto otros puntos de vista.]
If they had **lis**tened more to the team, they would have seen **o**ther per**spec**tives.
If dei jad **lis**end moor tu de tiim, dei wud jav siin **o**der per**spec**tivz.

KNINGLÉS – NIVEL INTERMEDIO B2

> ➤ [La situación habría sido diferente si todos hubiéramos participado activamente.]
> The situation **would**'ve been **di**ffe**r**ent if we had all pa**r**ticipa**t**ed **ac**tively.
> De situ**ei**shen **wu**rov biin **di**frent if wi jad ol par**ti**cipeired **ac**tivli.

> ➤ [Podríamos haber tenido mejores resultados con una planificación más clara.]
> We could have had **be**tter re**sults** with **clea**rer **pla**nning.
> Wi cud jav jad **be**rer ri**solts** wizh **cli**rer **plea**ning.

> ➤ [Si hubiera hablado antes, podríamos haber resuelto el problema juntos.]
> If i had **spo**ken up **ear**lier, we could have solved the **is**sue to**ge**ther.
> If ai jad **spou**ken ap **er**lier, wi cud jav soolvd di **i**shu tu**gue**der.

> ➤ [Tal vez habría sido útil revisar los datos con más tiempo.]
> Per**haps** it **would**'ve been **use**ful to re**view** the **da**ta with more time.
> Per**japs** it **wu**rov biin **yius**fol tu ri**viu** de **dei**ra wizh moor taim.

> ➤ [Si hubiéramos evaluado los riesgos, no habríamos perdido tanto dinero.]
> If we had a**sses**sed the risks, we **woul**dn't have lost so much **mo**ney.
> If wi jad a**sest** de risks, wi **wu**dent jav lost sou mach **ma**ni.

Frases para imaginar resultados diferentes, con reflexión:

> ➤ [Si hubiera tomado el tren, habría llegado a tiempo.]
> If i had **ta**ken the train, i would have a**rri**ved on time.
> If ai jad **tei**ken de trein, ai wud jav a**rraivd** on taim.

> [Si ella se lo hubiera dicho a alguien, la situación podría haberse resuelto antes.]

If she had told **som**eone, the situation could have been re**solved soo**ner.

If shi jad tould **sam**wan, de situ**ei**shen cud jav biin ri**zoolvd suu**ner.

> [Si hubiéramos planeado mejor, el evento habría salido sin problemas.]

If we had planned **be**tter, the e**v**ent would have gone **smooth**ly.

If wi jad pleand **be**rer, di **ev**ent wud jav goon **smuzh**li.

> [Te habría llamado si hubiera sabido que estabas enfermo.]

I would have called you if i had known you were sick.

Ai wud jav cold yiu if ai jad noun yiu wer sick.

> [Si no hubiéramos discutido, quizás aún seríamos amigos.]

If we **ha**dn't **ar**gued, **may**be we would still be friends.

If wi **ja**dent **ar**guiud, **mei**bi wi wud stil bi frendz.

> [Si ellos hubieran confiado en nosotros, quizás habríamos logrado algo grande juntos.]

If they had **trus**ted us, we might have a**chieved some**thing great to**ge**ther.

If dei jad **tras**ted as, wi mait jav a**chiivd sam**zhing greit tu**gue**der.

> [Si hubieras aceptado esa beca, tu vida podría ser muy distinta ahora.]

If you had ac**cep**ted that **scho**larship, your life might be **ve**ry **di**fferent now.

If yiu jad ek**sep**ted dat **ska**lership, yior laif mait bi **ve**ri **di**frent nau.

> [Habría sido interesante ver qué pasaba si continuábamos con el proyecto.]
It **would**'ve been **in**teresting to see what **ha**ppened if we had continued the **pro**ject.
It **wu**rov biin **in**tresting tu sii wat **ja**pend if wi jad ken**ti**niud de **pro**yect.

> [Imagina si hubiéramos elegido otra ciudad para vivir.]
I**ma**gine if we had **cho**sen a**no**ther **ci**ty to live in.
I**ma**yin if wi jad **chou**zen a**na**der **ci**ri tu liv in.

> [¿Qué habría pasado si el plan original funcionaba?]
What would have **ha**ppened if the **o**riginal plan had worked?
Wat wud jav **ja**pend if di **o**riyinol plean jad workt?

> [Si ella hubiera llegado a tiempo, todo el evento habría sido diferente.]
If she had **arri**ved on time, the whole **e**vent would have been **di**fferent.
If shi jad **arrai**vd on taim, de joul **e**vent wud jav biin **di**frent.

> [Habríamos evitado la crisis si nos hubiéramos preparado mejor.]
We **would**'ve a**voi**ded the **cri**sis if we had been **be**tter pre**pa**red.
Wi **wu**rov a**voi**red de **crai**sis if wi jad biin **be**rer pri**perd**.

Crea tu plan de estudios y aprende el inglés que necesitas.

Guías básicas:

Básico A1   Básico A2   Conversacional 1   Conversacional 2

Guías de gramática:

Gramática nivel 1   Gramática nivel 2   Gramática nivel 3

Guías intermedias:

Nivel B1   Nivel B2   Medio/Avanzado

Guías avanzadas:

Nivel C1   Nivel C2

Guías técnicas:

Construcción   Plomería   Bodega/Almacén   Electricidad   Carpintería   Mecánica

Guías de comida:

Restaurante   Cafetería   Supermercado

Guía de salud:

 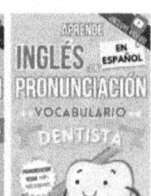 

Enfermería   Dentista   Embarazo

Guías de trabajo:

Costura — Limpieza — Deliveries — Agente inmobiliario — Barbería & Salón de belleza

Trabajo de jardinería:

Tala de árboles — Jardinería

Guías para emprendedores:

Emprendimiento — Negocios

Guías de Ocio y estilo de vida:

Ciudadanía Americana — Viajes — Música

Guías para niños:

Básico A1 — Primer día de Escuela

Recien lanzados

Política — Choferes — Pintura de carros y casas — Au-Pairs (Cuidado de niños) — Call Center — Anatomía

PRÓXIMAMENTE

Gimnasia

Arte

Doctor

Actuación

Oficina

Religión Católica

Periodismo

Abogacía

Vigilante

Finanzas

Masajista

Marketing

Diccionario Próximamente

Juego de mesa

MANY MORE ARE COMING!

kningles.com

LO QUE TE GUSTA DE KNINGLÉS...
¡AHORA PARA REGALAR!

Visita
TIENDA.KNINGLES.COM
y descubre productos únicos, divertidos y educativos pensados para la comunidad KNinglés. ¡Tazas, stickers, ropa y mucho más para seguir aprendiendo con estilo!

KNinglés

¡DÉJANOS TU RESEÑA!

Si has conseguido esta guía a través de Amazon, ¡déjanos tu reseña! Te llevará menos de 5 minutos.

El equipo de KNinglés está inmensamente agradecido con tu apoyo a la comunidad. Si deseas ponerte en contacto con nosotros puedes escribirnos al siguiente correo:

knaprendeingles@gmail.com

¡Comparte tu experiencia en redes sociales para ayudar a otros que lo necesitan!

www.ingramcontent.com/pod-product-compliance
Lightning Source LLC
Chambersburg PA
CBHW071501040426
42444CB00008B/1435